KÖNIGS ERLÄUT

Band 31

Textanalyse und Interpretation zu

Friedrich Schiller

KABALE UND LIEBE

Volker Krischel

Alle erforderlichen Infos für Abitur, Matura, Klausur und Referat
plus Musteraufgaben mit Lösungsansätzen

Zitierte Ausgaben:
Schiller, Friedrich: *Kabale und Liebe. Ein bürgerliches Trauerspiel.* Husum/ Nordsee: Hamburger Lesehefte Verlag, 2010 (Hamburger Leseheft Nr. 61, Heftbearbeitung Kurt Sternelle). Zitatverweise sind mit **HL** gekennzeichnet.
Schiller, Friedrich: *Kabale und Liebe. Ein bürgerliches Trauerspiel.* Anmerkungen von Walter Schafarschik. Stuttgart: Reclam, 2001 (Reclams Universal-Bibliothek Nr. 33). Zitatverweise sind mit **R** gekennzeichnet.

Über den Autor dieser Erläuterung:
Volker Krischel, geboren 1954, arbeitete nach dem Studium der Germanistik, Geschichte, katholischen Theologie, Erziehungswissenschaften, klassischen Archäologie, Kunstgeschichte und Geografie mehrere Jahre als wissenschaftlicher Mitarbeiter – besonders im Bereich der Museumspädagogik – am Württembergischen Landesmuseum Stuttgart. Heute ist er als Oberstudienrat in Gerolstein (Eifel) tätig. Er hat mehrere Arbeiten zu Autoren der neueren deutschen Literatur sowie zur Museums- und Unterrichtsdidaktik veröffentlicht.

Das Werk und seine Teile sind urheberrechtlich geschützt. Jede Verwertung in anderen als den gesetzlich zugelassenen Fällen bedarf der vorherigen schriftlichen Einwilligung des Verlages. Hinweis zu § 52 a UrhG: Weder das Werk noch seine Teile dürfen ohne eine solche Einwilligung eingescannt oder gespeichert und in ein Netzwerk eingestellt werden. Dies gilt auch für Intranets von Schulen und sonstigen Bildungseinrichtungen.

3. Auflage 2013
ISBN: 978-3-8044-1918-6
PDF: 978-3-8044-5918-2, EPUB: 978-3-8044-6918-1
© 2003, 2012 by Bange Verlag GmbH, 96142 Hollfeld
Alle Rechte vorbehalten!
Titelbild: Paula Kahlenberg und Detlev Buck in der Verfilmung BRD/A 2005
© Delphi/Cinetext
Druck und Weiterverarbeitung: Tiskárna Akcent, Vimperk

INHALT

1. DAS WICHTIGSTE AUF EINEN BLICK – SCHNELLÜBERSICHT ... 6

2. FRIEDRICH SCHILLER: LEBEN UND WERK ... 9

2.1 Biografie ... 9
2.2 Zeitgeschichtlicher Hintergrund ... 16
   Deutschland im 18. Jahrhundert ... 16
   Das Aufbegehren der Dichter des Sturm und Drang ... 17
   Die Zustände am Württembergischen Hof ... 18
2.3 Angaben und Erläuterungen zu wesentlichen Werken ... 21

3. TEXTANALYSE UND -INTERPRETATION ... 25

3.1 Entstehung und Quellen ... 25
3.2 Inhaltsangabe ... 30
   Akt I ... 30
   Akt II ... 32
   Akt III ... 35
   Akt IV ... 37
   Akt V ... 39
3.3 Aufbau ... 42
3.4 Personenkonstellation und Charakteristiken ... 48
   Luise Miller ... 48
   Ferdinand von Walter ... 51

	Präsident von Walter	53
	Hofmarschall von Kalb	54
	Lady Milford	55
	Herr Miller	56
	Frau Miller	58
	Sekretär Wurm	58
3.5	**Sachliche und sprachliche Erläuterungen**	60
	Akt I	60
	Akt II	63
	Akt III	65
	Akt IV	66
	Akt V	68
3.6	**Stil und Sprache**	70
3.7	**Interpretationsansätze**	73
	Kabale und Liebe als sozialkritisches Stück	73
	Das Scheitern einer Liebesgeschichte	75
	Die Problematik der Selbstfindung	78

4. REZEPTIONSGESCHICHTE   80

5. MATERIALIEN   85

6. PRÜFUNGSAUFGABEN 89
   MIT MUSTERLÖSUNGEN

LITERATUR 94

STICHWORTVERZEICHNIS 98

1. DAS WICHTIGSTE AUF EINEN BLICK – SCHNELLÜBERSICHT

Damit sich der Leser in diesem Band schnell zurechtfindet und das für ihn Interessante gleich entdeckt, hier eine kurze Übersicht.

⇨ S. 9 ff.

Das zweite Kapitel beschreibt Friedrich Schillers Leben und stellt den zeitgeschichtlichen Hintergrund vor:

→ Friedrich Schiller lebte von 1759 bis 1804. In seinen frühen Werken war er ein impulsiver Vertreter des literarischen Sturm und Drang. 1799 zog er nach Weimar, der damaligen „Kulturhauptstadt" Deutschlands, und wurde dort mit Goethe zum wichtigsten Autor der Weimarer Klassik.
→ In *Kabale und Liebe* schildert Schiller kritisch die gesellschaftlichen Zustände seiner Zeit und das Scheitern einer unstandesgemäßen Liebe.
→ *Kabale und Liebe* ist Schillers letztes sogenanntes „Jugenddrama". Es wurde 1784 uraufgeführt.

⇨ S. 25 ff.

Im dritten Kapitel geht es um eine Textanalyse und -interpretation.

Kabale und Liebe – Entstehung und Quellen:

In *Kabale und Liebe* verarbeitet Schiller eigene Erfahrungen als Untertan des Herzogs von Württemberg, orientiert sich aber auch an den zeitgenössischen Stücken der Sturm-und-Drang-Dichter sowie an Lessings bürgerlichem Trauerspiel.

Inhalt:

Das Stück hat fünf Aufzüge. ⇨ S. 30 ff.

Die Liebe zwischen dem adligen Major Ferdinand von Walter und der bürgerlichen Musikertochter Luise Miller scheitert tragisch an den Standesgrenzen und der Kabale des Hofes, aber auch an der Unfähigkeit der Liebenden zu gegenseitigem Vertrauen und klärender Kommunikation.

Personen:

Die Hauptpersonen sind ⇨ S. 48 ff.

Luise Miller:
→ religiös
→ fremdbestimmt

Ferdinand von Walter:
→ impulsiv
→ egozentrisch

Präsident von Walter:
→ skrupellos
→ machtbesessen

Hofmarschall von Kalb:
→ eitel
→ dumm

Lady Milford:
→ unglücklich
→ mutig

Miller:
→ despotisch
→ voller Bürgerstolz

Frau Miller:
→ einfältig
→ unterwürfig

Sekretär Wurm:
→ raffiniert
→ hinterlistig

Die Personen werden ausführlich und in ihren Beziehungen zueinander vorgestellt.

Stil und Sprache:

⇨ S. 70 ff.

Schiller charakterisiert die Figuren durch ihre Sprache. Er ordnet sie so ihrer sozialen Welt zu.

Interpretationsansätze:

⇨ S. 73 ff.

Kabale und Liebe ist
→ ein gesellschaftskritisches Drama;
→ eine tragisch endende Liebesgeschichte;
→ ein Selbstfindungsdrama.

2. FRIEDRICH SCHILLER: LEBEN UND WERK

2.1 Biografie

JAHR	ORT	EREIGNIS	ALTER
1759	Marbach am Neckar	Am 10. November wird Johann Christoph Friedrich Schiller geboren. Seine Eltern sind der Leutnant Caspar Schiller (1723–1796) und seine Frau Elisabeth Dorothea, geborene Kodweiß (1732–1802).	
1764	Lorch	Übersiedlung der Familie nach Lorch; Besuch der Lorcher Dorfschule; Lateinunterricht bei Pfarrer Moser.	5
1766	Ludwigsburg	Rückversetzung des Vaters in die Garnison nach Ludwigsburg.	7
1767		Schiller besucht die dortige Lateinschule mit dem Ziel, Geistlicher zu werden.	8
1773	Solitude bei Stuttgart	Auf dreifache Aufforderung des Herzogs Karl Eugen von Württemberg tritt Schiller in die „Militärpflanzschule" auf der Solitude ein. Die Schule wird im gleichen Jahr zur Herzoglichen Militärakademie erhoben.	14
1774		Beginn des Jurastudiums	15
1775	Stuttgart	Verlegung der Militärakademie als „Hohe Karlsschule" nach Stuttgart; Wechsel vom ungeliebten Jurastudium zum Medizinstudium; Lektüre von Schubarts Erzählung *Zur Geschichte des menschlichen Herzens*, hierdurch möglicherweise erste Anregung zu den *Räubern*.	16

Friedrich Schiller
1759–1805

2.1 Biografie

JAHR	ORT	EREIGNIS	ALTER
1776		Beginn des Philosophiestudiums bei Professor Abel; durch ihn erste Berührung mit dem Werk Shakespeares. Veröffentlichung des Gedichts *Der Abend* im „Schwäbischen Magazin". Schiller vernichtet sein Drama *Cosmus von Medicis* nach dem Abschluss.	17
1779		Ablehnung seiner medizinischen Dissertation *Philosophie der Physiologie*. Schiller muss noch ein weiteres Jahr auf der Militärakademie bleiben. Herzog Karl August von Sachsen-Weimar besucht in Begleitung Goethes die Militärakademie; Teilnahme an der Preisverleihung.	20
1780		Schiller hält die Festrede anlässlich des Geburtstags der Mätresse des Herzogs Karl Eugen, Reichsgräfin Franziska von Hohenheim, mit dem Titel *Die Tugend in ihren Folgen betrachtet*. Franziska dient Schiller als Vorbild für die Figur der Lady Milford in *Kabale und Liebe*. Vorlegung seiner neuen Dissertation *Über den Zusammenhang der tierischen Natur des Menschen mit seiner geistigen*. Entlassung aus der Militärakademie als Militärarzt. Anstellung als Regimentsmedikus des Grenadierregiments Augé in Stuttgart. Das Stück *Die Räuber* erscheint anonym mit fingiertem Druckort.	21

2.1 Biografie

JAHR	ORT	EREIGNIS	ALTER
1782	Flucht aus Württemberg	Erfolgreiche Uraufführung der *Räuber* am Nationaltheater in Mannheim. Schiller besucht die Aufführung ohne Urlaubsbewilligung. Als der Herzog davon erfährt, erhält Schiller 14 Tage Arrest und das Verbot der schriftstellerischen Tätigkeit. Beschäftigung mit dem Stoff zu *Luise Millerin*. Schiller nutzt das Fest, das für den russischen Zaren, Großfürst Paul von Russland, anlässlich von dessen Teilnahme an einer Jagd gegeben wird, um mithilfe seines Freundes, des Musikers Andreas Streicher, nach Mannheim zu fliehen. Fortsetzung der Flucht über Darmstadt, Frankfurt nach Oggersheim und schließlich nach Bauerbach in Thüringen. Schillers Stück *Die Verschwörung des Fiesco zu Genua* wird vom Mannheimer Nationaltheater abgelehnt. In Bauerbach lebt Schiller ein Jahr lang als Dr. Ritter auf dem Gut der Frau von Wolzogen.	23
1783	Mannheim	Uraufführung des *Fiesco* in Bonn; Anstellung als Theaterdichter beim Mannheimer Theater.	24
1784		Uraufführung von *Luise Millerin* unter dem von Iffland vorgeschlagenen Titel *Kabale und Liebe*; Beginn von Schillers gesundheitlichen Problemen. Er erkrankt schwer an Malaria. Antrittsrede in der „Deutschen Gesellschaft" unter dem Titel *Vom Wirken der Schaubühne auf das Volk*, später: *Die Schaubühne als eine moralische Anstalt betrachtet*.	25

2.1 Biografie

JAHR	ORT	EREIGNIS	ALTER
1785	Gohlis, Loschwitz, Dresden	Übersiedlung nach Gohlis, zusammen mit dem neuen Leipziger Freundeskreis; erste Begegnung mit Körner. Arbeit an *Don Karlos*; gemeinsame Wohnung mit Körner in Loschwitz, Übersiedlung nach Dresden, Entstehung von *An die Freude* und der Erzählung *Der Verbrecher aus verlorener Ehre*.	26
1787	Dresden, Weimar, Rudolfstadt	Uraufführung von *Don Karlos* in Hamburg; Beginn am Roman *Der Geisterseher*; Reise nach Weimar, dort u. a. Begegnung mit Wieland und Herder; Fertigstellung des *Abfalls der vereinigten Niederlande*. In Rudolfstadt lernt Schiller die Familie von Lengefeld kennen; besonders die Tochter Charlotte hat es ihm angetan.	28
1788		Beginn des Briefwechsels mit Charlotte von Lengefeld; Besuch Goethes in Rudolfstadt; distanzierte Haltung gegenüber Schiller: Er kann mit dem leidenschaftlichen und impulsiven Schiller wenig anfangen.	29
1789	Jena	Auf Vorschlag Goethes erhält Schiller eine Geschichtsprofessur in Jena; Übersiedlung nach Jena. Jetzt hat Schiller die finanziellen Möglichkeiten, eine Familie zu gründen. Er hält um die Hand Charlottes an. Beginn der Freundschaft mit Wilhelm von Humboldt.	30

2.1 Biografie

JAHR	ORT	EREIGNIS	ALTER
1790		Herzog Karl August gewährt Schiller ein festes jährliches Gehalt. Der Meininger Hof verleiht Schiller den Titel eines Hofrats. Schiller heiratet Charlotte von Lengefeld. Die ersten beiden Bücher von Schillers *Geschichte des Dreißigjährigen Krieges* erscheinen. Bekanntschaft mit dem in Jena studierenden Novalis; Besuch Goethes in Jena.	31
1791	Jena, Karlsbad	Ausbruch einer schweren Lungen- und Bauchfellerkrankung, an deren Folgen Schiller für den Rest seines Lebens leidet. Kuraufenthalt in Karlsbad; intensive Beschäftigung mit der Philosophie Kants. Schiller erhält vom dänischen Hof ein jährliches Geschenk von tausend Talern für drei Jahre zugesprochen.	32
1792		Schiller wird durch die französische Nationalversammlung das französische Bürgerrecht verliehen; Bekanntschaft mit Friedrich Schlegel.	33
1793	Ludwigsburg, Stuttgart	Übersiedlung nach Ludwigsburg; Arbeit an theoretischen Schriften. Tod des Herzogs Karl Eugen von Württemberg; Besuch in Stuttgart und begeisterter Empfang in der Karlsschule; Bekanntschaft mit Hölderlin; Geburt von Schillers erstem Sohn Karl Friedrich Ludwig; Fortführung der philosophischen und ästhetischen Studien.	34

2.1 Biografie

JAHR	ORT	EREIGNIS	ALTER
1794		Bekanntschaft mit Fichte; auf der Tagung der „Naturforschenden Gesellschaft" in Jena Begegnung mit Goethe. Langes Gespräch mit Goethe über die Urpflanze, die Metamorphosenlehre und das Verhältnis von Idee und Erfahrung in den Naturwissenschaften. Beginn des persönlichen Briefwechsels zwischen Goethe und Schiller, aus dem sich eine enge Freundschaft entwickeln wird.	35
1795		Trotz schlechten Gesundheitszustandes entstehen zahlreiche Gedichte.	36
1796		In Zusammenarbeit mit Goethe entsteht der *Xenienalmanach* im „Musenalmanach für das Jahr 1797" und erregt ungeheures Aufsehen. Besuch von Schelling und Jean Paul bei Schiller; Tod der Schwester Nanette und des Vaters. Schillers zweiter Sohn Ernst Friedrich Wilhelm wird geboren. Schiller wird zum ordentlichen Honorarprofessor in Jena ernannt; Entstehung mehrerer Balladen; Arbeit am *Wallenstein;* wiederholte Treffen mit Goethe.	37
1799	Weimar	Die Trilogie *Wallensteins Lager*, *Piccolomini*, *Wallensteins Tod* wird in Weimar uraufgeführt; Besuch von Ludwig Tieck. *Das Lied von der Glocke* erscheint im „Musenalmanach für das Jahr 1800"; Geburt von Schillers Tochter Karoline Henriette Luise; Umzug nach Weimar.	40
1800		Erkrankung Schillers an einem Nervenfieber; Uraufführung von *Maria Stuart* in Weimar; Ausgabe von Schillers *Kleinen prosaischen Schriften*.	41

2.1 Biografie

JAHR	ORT	EREIGNIS	ALTER
1801		Uraufführung der *Jungfrau von Orleans* in Leipzig	42
1802		Schiller erhält vom Wiener Hof den erblichen Adelstitel zugesprochen; Tod der Mutter.	43
1804	Weimar, Berlin	Uraufführung von *Wilhelm Tell* in Weimar; der Erfolg übertrifft den aller bisherigen Dramen Schillers. Reise mit der Familie nach Berlin; hier außerordentliche Ehrungen durch die Öffentlichkeit und das preußische Königshaus. Der Herzog verdoppelt Schillers Gehalt, um ihn in Weimar zu halten. Geburt der jüngsten Tochter Emilie Henriette Luise; Arbeit am *Demetrius*; Entstehung der *Huldigung der Künste* als Festspiel zur Ankunft der Großfürstin Maria Pawlowna, der Gattin des Erbprinzen Karl Friedrich.	45
1805	Weimar	Schillers Gesundheitszustand verschlechtert sich. Während der Besserung des Zustands arbeitet er weiter am *Demetrius*. Schiller stirbt am 9. Mai und wird im „Landschaftskassengewölbe" auf dem Sankt-Jakobs-Friedhof in Weimar beigesetzt.	46
1827		Überführung von Schillers Leichnam in die Fürstengruft zu Weimar.	

2.2 Zeitgeschichtlicher Hintergrund

ZUSAMMENFASSUNG

→ Deutschland besteht im 18. Jahrhundert aus einer Vielzahl absolutistisch regierter Kleinstaaten.
→ Die Dichter des Sturm und Drang begehren gegen diese Situation auf.
→ Im Württemberg von Herzog Karl Eugen herrscht Prunksucht und Mätressenwesen.
→ Finanziert wird das Hofleben auf dem Rücken der Untertanen.

Deutschland im 18. Jahrhundert

Deutschland war politisch bedeutungslos.

Man kann Schillers Stück *Kabale und Liebe* mit seiner politischen und gesellschaftlichen Kritik nur verstehen, wenn man sich die Zustände im Deutschland des 18. Jahrhunderts vergegenwärtigt. Deutschland war im Gegensatz zu den anderen großen europäischen Nationen in viele kleine Territorien zersplittert und politisch fast völlig bedeutungslos. Auch wirtschaftlich war Deutschland hinter den übrigen europäischen Nationen zurückgeblieben. Deutschland besaß keine Kolonien; die Gewinne aus Übersee flossen an Deutschland vorbei nach England, Frankreich, Spanien und den Niederlanden: „So haben sich die wichtigen Handelswege nach Westen verschoben, und Deutschland hat seine großen Handelsgesellschaften verloren."[1]

Überwiegend Landbevölkerung

Über 80 Prozent der deutschen Bevölkerung lebte auf dem Land. Selbst bedeutende deutsche Städte waren klein und idyllisch. So hatte die Kulturhauptstadt Weimar nur etwa 6 000 Einwohner, Berlin

---

1 Nordmann, *Erläuterungen zu Friedrich Schiller: Kabale und Liebe*, S. 14.

2.2 Zeitgeschichtlicher Hintergrund

ca. 170 000. Im Vergleich dazu hatte London damals bereits 800 000 Einwohner.[2] „Das Land erfährt kaum erfolgreiche Reformen; die beginnende Industrie hat in technischer Hinsicht den Anschluss an Europa verpasst."[3]

Politisch lebte Deutschland im Zeitalter des Absolutismus. Das politische Bewusstsein der Bevölkerung war im Gegensatz zu den Nachbarländern Frankreich und England kaum ausgeprägt. Man akzeptierte und ertrug die absolutistische Willkür seiner Herrscher. Zwar war das Selbstbewusstsein des Bürgertums aufgrund seiner Erfolge in Handel und Handwerk gestiegen, aber es stand im Dienst der Fürsten:: „Man erlaubt ihm zu dichten und zu denken, aber selbstständig politisch zu handeln wird ihm strikt untersagt."[4]

Zeitalter des Absolutismus

Das Aufbegehren der Dichter des Sturm und Drang

In dieser Situation meldete sich eine junge Literatengeneration zu Wort:

> „In der Bewegung des Sturm und Drang (so genannt nach einem Drama von Maximilian Klinger) empört sich eine junge Generation gegen die Herrschaft der Ratio und zugleich gegen die gesellschaftlichen und sozialen Verhältnisse im Zeitalter der Aufklärung, Gefühl und Fantasie sprengen die Fesseln einer reinen Verstandesdiktatur, die Freiheit des Individuums steht über Ordnungsprinzipien, die sich nur von der Vernunft herleiten."[5]

Die Dichter des Sturm und Drang stammten oft selbst aus kleinbürgerlichen Verhältnissen und wollten den sozialen Aufstieg:

Wille zum sozialen Aufstieg

---

2 Vgl. Krischel:, *Textanalyse und Interpretation zu Friedrich Schiller: Wilhelm Tell*, S. 22.
3 Nordmann, S. 14.
4 Ebenda, S. 15.
5 Kunze/Obländer, *Grundwissen Deutsche Literatur*, S. 21.

2.2 Zeitgeschichtlicher Hintergrund

„Sie fühlen sich in den vielen Kleinstaaten in überholte Feudalordnungen eingepfercht und sehnen sich danach, dem kleinbürgerlichen Leben entrinnen zu können. Ihre häufig sehr entbehrungsreiche Kindheit macht die jungen Literaten sehr empfindlich gegenüber sozialem Unrecht. Ihr Protest richtet sich gegen Standesvorurteile, Korruption, leere Konventionen und veraltete Erziehungsmethoden. Zum ersten Mal wird in der deutschen Literatur der Mensch als ein Ganzes gesehen, als denkende, empfindende und sich frei von politisch-sozialen Beschränkungen entwickelnde Persönlichkeit aufgefasst. Die jungen Dichter fordern Sinnlichkeit, Fühlen und Fantasie für einen unabhängigen Menschen."[6]

Die Zustände am Württembergischen Hof

Herzog Karl Eugen als absoluter Herrscher

Wie die Zustände in vielen der kleinen Fürstentümer damals wirklich waren, konnte Schiller täglich in „seinem" Fürstentum Württemberg erleben. Sein Landesfürst, der württembergische Herzog Karl Eugen, pflegte durchaus noch den Herrschaftsstil eines absoluten Monarchen. Die Gedanken des aufgeklärten Absolutismus, wie sie vor allem durch den Preußenkönig Friedrich II. vertreten wurden, waren von ihm – wie von vielen anderen Kleinfürsten in Deutschland – noch nicht übernommen worden. Sie sahen ihr Vorbild eher nach wie vor im französischen Sonnenkönig Ludwig XIV. (1638–1715) und in seiner Hofhaltung in Versailles.[7]

Großer Hofstaat

Obwohl das Herzogtum Württemberg mit einer Fläche von 155 Quadratmeilen und einer Einwohnerschaft von 600 000 Menschen verhältnismäßig klein war, wurde es unter Karl Eugen zum präch-

---

6 Nordmann, S. 15 f.
7 Vgl. hierzu Krischel, *Lauter kleine Sonnenkönige – Das Portrait Herzog Christians IV. von der Pfalz-Zweibrücken*, S. 85 f.

2.2 Zeitgeschichtlicher Hintergrund

tigsten Hof Europas. So umfasste der Hofstaat allein über 2 000 Personen. Wenn der reisefreudige Herrscher unterwegs war, er pflegte u. a. den Karneval in Venedig zu feiern, bestand sein Gefolge aus 700 Personen und 690 Pferden.[8] Besonders berühmt waren auch die prächtigen Feste des württembergischen Hofes, vor allem die Geburtstagsfeiern des Herzogs. Ein solches Fest konnte leicht über 400 000 Gulden kosten.

Repräsentativ mussten aber nicht nur Hofstaat und Feste sein, sondern auch die Bauten. Während der Regierungszeit Karl Eugens entstanden neben der Oper in Stuttgart allein vier neue Schlösser: das Neue Schloss in Stuttgart, die Lustschlösser Hohenheim und Solitude bei Stuttgart sowie Schloss Monrepos bei Ludwigsburg, teure Prunkbauten, die eine Unmenge Geld verschlangen. Teure Bauten

Wie an vielen anderen absolutistischen Höfen gab es am württembergischen Hof das Mätressenwesen. Karl Eugen soll laut Hofkalender zeitweise bis zu sechs Mätressen gleichzeitig gehabt haben.[9] Als Karl Eugen nach vier Jahren seiner aus Venedig stammenden Mätresse Katharina Bonafini überdrüssig war, wurde sie mit einem Haus abgefunden und mit dem Rittmeister von Poeltzig verheiratet. Ihre Nachfolgerin wurde die damals 23-jährige Franziska von Leutrum, die von Karl Eugen zur Reichsgräfin von Hohenheim ernannt wurde. Mätressenwesen

Bei der Geldbeschaffung für die aufwändige Hofhaltung waren Karl Eugen und seine „Herrscherkollegen" nicht zimperlich: Bezahlen mussten die Untertanen. Die folgende überlieferte Geschichte wirft ein charakteristisches Bild auf diese Praktik. Karl Eugen hatte anlässlich des Besuchs des Großfürsten Paul von Russland und sei- Hohe Steuerlast der Untertanen

---

8 Vgl. hierzu von Boehn, *Deutschland im 18. Jahrhundert*, S. 454.
9 Vgl. Müller, *Kabale und Liebe*, S. 66.

2.2 Zeitgeschichtlicher Hintergrund

ner Frau Prinzessin Sophia von Württemberg ein prächtiges Fest gegeben.

> „Auf einem Spaziergang traf Großfürst Paul einen biederen Mann aus dem Volk und fragte ihn, ob er auch begierig sei, den Großfürsten zu sehen? Der Angeredete sprach: Ich brauche den hohen Herren nicht persönlich zu sehen, denn ich weiß im Voraus, dass ich ihn zehn Jahre lang in meinem Steuerzettel sehen werde."[10]

Aber nicht nur mit einer erhöhten Steuerlast bezahlten die Untertanen für das Luxusleben ihrer Herrscher. Die Fürsten hatten noch eine andere Geldquelle aufgetan: Sie verkauften ihre Untertanen. Die Vermietung oder der Verkauf von Soldaten an ausländische Herrscher hatte bereits während des Siebenjährigen Kriegs (1756–1763) stattgefunden und fand nun seine Fortsetzung während des amerikanischen Unabhängigkeitskriegs (1775–1783). Besonders England erhielt in diesem Krieg Truppenlieferungen aus Deutschland, für die der jeweilige „Landesvater" hohe Kopfgeldsummen erhielt.

---

10 Kleemann, *Schloss Solitude bei Stuttgart*, S. 254.

2.3 Angaben und Erläuterungen zu wesentlichen Werken

2.3 Angaben und Erläuterungen zu wesentlichen Werken

ab 1782	1782–1787	1789	1790 – 1796	1797	1798 -1804
Beginn der schriftstellerischen Arbeit	Sturm- und-Drang-Dramen	Geschichtsprofessur	philosophisch-ästhetische Schriften	Balladenjahr	Dramen der Weimarer Klassik

Kabale und Liebe ist Schillers letztes Jugenddrama. Mit ihm endet seine Phase des Sturm und Drang.

Berühmt ist Friedrich Schiller vor allem durch seine dramatischen Werke. Seine 1797 angelegte Liste, nach der er 32 Dramenprojekte realisieren wollte, konnte er allerdings nur zum Bruchteil verwirklichen. Als Erzähler verfasste er mit *Der Verbrecher aus ver-*

Schillers als Schriftsteller, Dichter und Historiker

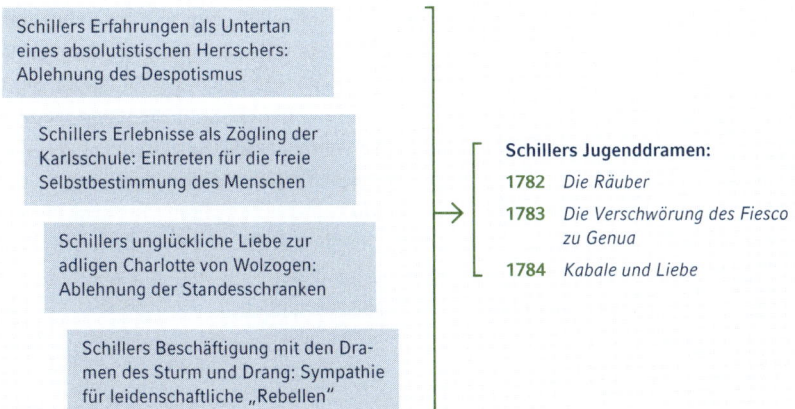

2.3 Angaben und Erläuterungen zu wesentlichen Werken

lorener Ehre (1786) die erste bedeutende Kriminalgeschichte der deutschen Literatur. Sein unvollendeter Roman *Der Geisterseher* (1789) hatte große Wirkung auf die Schauerliteratur der Romantik.

Daneben publizierte Schiller als Historiker eine dreibändige *Geschichte des dreißigjährigen Krieges* (1790, 1792) und eine Arbeit über den *Abfall der vereinigten Niederlande* (1787). Außer als Verfasser von philosophischen und ästhetischen Schriften tat sich Schiller aber auch als Lyriker hervor. Neben seinen weniger bekannten philosophischen Gedichten und seiner Jugend- und Gelegenheitsdichtung erwies sich Schiller als Meister der Gedankenlyrik und besonders als großer Balladendichter. Schillers Ode *An die Freude* (1786) wurde von Beethoven in seiner neunten Symphonie vertont; die Ballade *Das Lied von der Glocke* (1799) galt bis ins 20. Jahrhundert als „poetisierter Wertekatalog des Bürgers"[11].

In den folgenden Abschnitten sollen Schillers wichtigste Dramen kurz vorgestellt werden.

Die Räuber

Schon sein Jugenddrama *Die Räuber* (1782), das in seiner zweiten Auflage das Motto „In tyrannos" (Gegen die Tyrannen) trägt, bedeutet eine Kampfansage gegen den Despotismus in allen Bereichen. Die sich vom Vater ungerecht behandelt fühlenden Söhne Karl und Franz Moor rebellieren gegen die bestehende weltliche und göttliche Ordnung. Karl versucht es als Sozialrebell und „edler" Räuber, Franz als egozentrischer, nihilistischer Machtmensch. Karl, dem Verbrecher aus Empfindsamkeit, steht Franz, der zynische Verbrecher aus Verstand gegenüber. Beide scheitern. Die wilde und leidenschaftliche Sprache sowie der Stoff zeigen Schiller als noch stark dem Sturm und Drang verbunden.

---

11 Nordmann, S. 60.

2.3 Angaben und Erläuterungen zu wesentlichen Werken

In *Die Verschwörung des Fiesco zu Genua* (1783), Schillers zweitem Drama, geht es ebenfalls um Rebellion gegen Tyrannenmacht. Der Titelheld scheitert schließlich an seinem eigenen Machtstreben. Er kämpft nicht uneigennützig gegen die Tyrannei und für die Errichtung einer Republik, sondern strebt für sich selbst die Herzogwürde an. Damit wird er zum Verräter an der Revolution. Er wird von seinen Mitverschwörern getötet, um die Sache des Volkes zu retten.

Die Verschwörung des Fiesco zu Genua

Kabale und Liebe, ursprünglich *Luise Millerin* (1784), ist ein Zeitstück in der Nachfolge von Lessings bürgerlichem Trauerspiel *Emilia Galotti* (1772). Ein Liebespaar, die bürgerliche Luise und der adlige Ferdinand, scheitern an der Kabale (d. h. Intrige) der moralisch verkommenen Hof- und Adelsschicht.

Kabale und Liebe

Don Karlos (1787) markiert einen Wendepunkt in Schillers Schaffen. Der leidenschaftliche „Revolutionär" wird zum begeisterten Verkünder hoher Ideale. Schon sprachlich hat Schiller die leidenschaftliche, oft ungebändigte Prosa seiner frühen Stücke hier in den Blankvers abgeändert. Inhaltlich wandelte sich das Stück in seiner vierjährigen Entstehungszeit von einer Anklage gegen die Inquisition über ein Familiendrama zu einer Staatstragödie. Zwar ist auch in der Endfassung noch der Vater-Sohn-Konflikt um die Liebe zu Elisabeth von Valois, die ursprünglich als Braut für Karlos ausersehen war, dann aber aus politischen Gründen die Frau seines Vaters Philipp II. wurde, vorhanden, aber in der tragenden Figur des Marquis Posa stellte Schiller eine Figur in den Mittelpunkt, die als idealistischer Vorkämpfer für weltbürgerliche Freiheitsideen und durch sein Opfer für Karlos zu Größe gelangt.

Don Karlos

Mit seiner *Wallenstein*-Trilogie (*Wallensteins Lager, Piccolomini, Wallensteins Tod*, 1799) wandte sich Schiller zwölf Jahre nach *Don Karlos* wieder dem Drama zu. Schon während er *Die Geschichte des dreißigjährigen Krieges* schrieb, hatte Schiller die Gestalt Wallen-

Wallenstein-Trilogie

2.3 Angaben und Erläuterungen zu wesentlichen Werken

steins gefesselt. Mit der Vollendung der Trilogie eröffnete Schiller die Reihe seiner Meisterdramen. An der Figur Wallensteins zeigt Schiller die Verführbarkeit durch die Macht, die ihm die Freiheit der Entscheidung raubt. Wallenstein ist der „undurchschaubare Karrierist, der das politische Risiko nicht scheut – eine Symbolgestalt für Schillers vom Krieg erschütterte Zeit."[12]

Maria Stuart

Auch in seinem nächsten Drama *Maria Stuart* (1800) greift Schiller auf historischen Stoff zurück. In seiner Darstellung des Zwistes zwischen der englischen Königin Elisabeth I. und der von ihr inhaftierten schottischen Königin Maria Stuart bleibt Elisabeth zwar politisch die Siegerin, moralisch jedoch trägt Maria den Sieg davon. Innerlich frei kann sie sich dem Henker stellen, während Elisabeth vereinsamt und moralisch gerichtet zurückbleibt.

Die Jungfrau von Orleans

In seinem ein Jahr später erschienen Drama *Die Jungfrau von Orleans* macht Schiller die französische Nationalheldin Jeanne d'Arc zur Heldin. Sie gerät in den tragischen Konflikt zwischen göttlicher Berufung und der Liebe zum feindlichen englischen Offizier Lionel. In Abänderung der historischen Fakten lässt Schiller seine Heldin die Gefahr des Verrats an ihrer Berufung durch ihren freiwilligen Tod in der Schlacht überwinden.

Wilhelm Tell

Schillers letztes vollendetes Werk, das Schauspiel *Wilhelm Tell* (1804), hat wiederum die Befreiung von Tyrannei als Thema. Es sollte Schiller erfolgreichstes Schauspiel werden.

„Durch alle Werke Schillers geht die Idee von Freiheit, und diese Idee nahm eine andere Gestalt an, so wie Schiller in seiner Kultur weiter ging und selbst ein anderer wurde. In seiner Jugend war es die physische Freiheit, die ihm zu schaffen machte und in seine Dichtung überging, in seinem späteren Leben die ideelle." (Goethe)[13]

---

12 Neubauer, *Friedrich Schiller: Wilhelm Tell*, S. 57.
13 Zitiert nach Nordmann, S. 21.

3. TEXTANALYSE UND -INTERPRETATION

3.1 Entstehung und Quellen

ZUSAMMEN-
FASSUNG

→ 1782–1784 arbeitet Schiller an seinem Stück *Kabale und Liebe*.
→ 1784 findet die Uraufführung in Frankfurt am Main statt.
→ Angeregt wurde Schiller durch seine eigenen Erfahrungen im Herzogtum Württemberg sowie durch zeitgenössische Stücke und Lessings bürgerliche Trauerspiele.

Über den Beginn von Schillers Beschäftigung mit seinem dritten Drama *Kabale und Liebe* (ursprünglicher Titel *Luise Millerin*) gibt es zwei verschiedene Überlieferungen. Nach einem Bericht von Schillers Schwägerin Caroline von Wolzogen entwarf Schiller den Plan zu seinem Drama, als er im Juni 1782 nach der entdeckten heimlichen Reise zur Aufführung seines Dramas *Die Räuber* mit zwei Wochen Arrest bestraft wurde.[14]

Zwei Überlieferungen

Nach Aussage seines Freundes Andreas Streicher hingegen beschäftigte sich Schiller nach ihrer gemeinsamen Flucht aus Württemberg und der für Schiller enttäuschenden Aufnahme in Mannheim erstmals auf ihrem Fußweg von Mannheim nach Frankfurt (Oktober 1782) mit dem Plan zu *Kabale und Liebe*.[15] Auf ihrer Flucht über Frankfurt nach Oggersheim arbeitete Schiller weiter an seinem Stück. Aber erst auf Bauerbach, dem Gut seiner Gönnerin Henriette

---
14 Vgl. von Wolzogen, *Schillers Leben. Teil 1*, S. 48; zitiert nach Schafarschik, S. 93.
15 Vgl. *Das unbekannte Schlusskapitel zu Andreas Streichers Schillerbuch, mitgeteilt von Reinhard Buchwald*. In: Festschrift für Eduard Castle, 1955, S. 151; zitiert nach Schafarschik, S. 94.

3.1 Entstehung und Quellen

von Wolzogen bei Meiningen in Thüringen, konnte er sich vor möglicher Verfolgung durch den württembergischen Herzog Karl Eugen einigermaßen sicher fühlen. Hier gelang es Schiller, 1783 sein Stück zu beenden.

Schiller als Theaterdichter in Mannheim

Als im März 1783 der Mannheimer Theaterintendant Heribert von Dalberg wieder auf Schiller zukam und Interesse am neuen Stück zeigte, ging Schiller nach anfänglichen Bedenken auf Dalbergs Angebot ein und fand sich bereit, sein Stück für die Aufführung in Mannheim fertigzustellen bzw. umzuarbeiten. Im September 1783 bot Dalberg Schiller das Amt des Theaterdichters für ein Jahr mit entsprechender Honorarzusage an.

Titeländerung auf Vorschlag Ifflands

Auf Vorschlag des Mannheimer Schauspielers und Theaterdichters August Wilhelm Iffland änderte Schiller den ursprünglichen Titel seines Stücks von *Luise Millerin* in *Kabale und Liebe*, um das Stück schon vom Titel her interessanter zu machen. Sowohl die Druck- als auch die Theaterfassung trugen bereits diesen neuen Titel. Die Uraufführung fand am 15. April 1784 in Frankfurt am Main statt. Einen Tag später folgte die erfolgreiche Inszenierung von *Kabale und Liebe* in Mannheim.

Schillers Erfahrungen mit Herzog Karl Eugen

Wirft man einen Blick auf die „Quellen" zu *Kabale und Liebe*, so muss man zunächst Schillers eigene Erfahrungen mit der despotischen Herrschaft seines „Landesvaters" Herzog Karl Eugen von Württemberg nennen. Wie willkürlich der Herzog mit seinen Untertanen umging, hatte Schiller als Zögling an der Karlsschule erfahren müssen. Auch war ihm das Schicksal des schwäbischen Schriftstellers und kritischen Journalisten Christian Friedrich Daniel Schubart noch gut in Erinnerung. Schubart hatte sich über den Soldatenhandel des württembergischen Herzogs kritisch geäußert. Er war daraufhin auf Befehl des Herzogs auf württembergisches Gebiet gelockt, verhaftet und ohne Gerichtsverfahren für zehn Jahre eingekerkert worden.

3.1 Entstehung und Quellen

In Schillers intrigantem Präsidenten von Walter lassen sich unschwer Parallelen zum verhassten württembergischen Minister Samuel Friedrich Graf Montmartin erkennen. Der hatte, wie Schillers Präsident von Walter, seinen politischen Rivalen beseitigt. Montmartin hatte Oberkriegsrat Friedrich Philipp Rieger mittels gefälschter Briefe gestürzt und als Hochverräter einkerkern lassen. Lady Milford hingegen hat ihr Vorbild in Franziska von Hohenheim, der Mätresse des Herzogs Karl Eugen, unter deren positivem Einfluss sich der Herzog dem aufgeklärten Absolutismus zuwandte.

Parallelen zwischen Präsident von Walter und Graf Montmartin

Die Standesunterschiede und -grenzen, auch in Liebesbeziehungen, wie sie Ferdinand und Luise im Stück erfahren, waren Schiller nicht fremd, hatte er sich doch selbst während der Niederschrift des Stücks in die adlige Charlotte von Wolzogen, die Tochter seiner Gönnerin Henriette von Wolzogen, auf deren Gut er geflohen war, verliebt. Trotz dieser realistischen Bezüge darf man Schillers Stück weder als dokumentarischen noch als autobiografischen Text sehen, sondern als ein Stück fiktionaler Literatur, das sich deutlich an die zeitgenössische Literatur anlehnt.

Trotz eigener Erfahrungen Schillers ist Kabale und Liebe *fiktionale Literatur.*

Hier fällt besonders die Ähnlichkeit in der Figurenkonstellation zu Otto Heinrich von Gemmingens Stück *Der deutsche Hausvater*, das Schiller bereits 1781 gelesen hatte, auf. In Gemmingens Drama liebt Graf Karl die Tochter eines Malers, bei dem er Unterricht nimmt. Das Vorbild für Ferdinands Beziehung zu Luise Miller und ihrer Familie ist leicht zu erkennen. Aber auch für Lady Milford und Hofmarschall von Kalb lassen sich bei Gemmingen Modelle finden. Der Kutscher Walz aus Wagners *Die Reue nach der Tat* könnte hingegen das Urbild für Schillers Musikus Miller gewesen sein. Für Ferdinand hat Schiller wohl den Titelheld aus Leisewitz' *Julius von Tarent* als Anregung genommen. Aber nicht nur in zeitgenössischen Stücken fand Schiller Ideen und Vorbilder für *Kabale und Liebe*. Das Motiv der Liebenden in feindlicher Umwelt erinnert stark an

3.1 Entstehung und Quellen

Shakespeares *Romeo und Julia*. Der Eifersuchtsmord aufgrund einer Intrige findet sich in Shakespeares *Othello*.

Die Gattung bürgerliches Trauerspiel

Schiller bezeichnet *Kabale und Liebe* im Untertitel als *bürgerliches Trauerspiel*. Damit ordnete er sein Stück einer Gattung zu, die damals noch verhältnismäßig jung war. Das bürgerliche Trauerspiel war ein Produkt der sich in der Zeit der Aufklärung immer mehr entwickelnden Emanzipation des Bürgertums.

George Lillo: The London Merchant

Das Vorbild für alle weiteren Stücke dieser Gattung war George Lillos 1731 erschienenes Stück *The London Merchant: or, The History of George Barnwell*, das 1772 in deutscher Übersetzung erschienen war. Hier spielte sich das Drama erstmals in bürgerlichen Kreisen ab. Damit vollzog Lillo einen Bruch mit dem bisherigen Dramenverständnis, nachdem in einer Tragödie nur hohe Standespersonen Träger der Handlung und des dramatischen Geschehens sein durften. Das Bürgertum war bisher bestenfalls in der „niederen" Form des Lustspiels akzeptabel gewesen.

G. E. Lessing

In Deutschland prägte Gotthold Ephraim Lessing mit seinem 1755 geschriebenen Stück *Miss Sara Sampson* die Gattung und legte mit seiner 1772 erschienen *Emilia Galotti* das Grundmuster für das bürgerliche Trauerspiel fest. Hier hatte Lessing nicht nur das Bürgertum und seine private Welt zum Handlungs- und Konfliktträger gemacht; er fügte mit seiner Anklage gegen die Willkürherrschaft der Fürsten und ihre gewissenlose Politik ein weiteres Gestaltungselement hinzu, das in den Stücken der Sturm-und-Drang-Dichter (besonders bei Lenz, Klinger und Wagner) zu noch schärferer Kritik an der Ständeordnung ausgebaut wurde.

Schiller hat sich mit *Kabale und Liebe* an Lessings *Emilia Galotti* orientiert. Nicht nur die auftretenden Personen sind ähnlich; Schiller hat hier auch nochmals die drei Themenbereiche Standesproblematik, Familienkonflikt und Absolutismuskritik vereinigt. Allerdings führt in *Kabale und Liebe* nicht allein der Standeskonflikt

3.1 Entstehung und Quellen

zwischen Luise und Ferdinand zur Katastrophe, sondern auch die in beider Charakter begründete Auffassung von Liebe. Das Stück wird so zusätzlich zur „Tragödie der unbedingten Liebe"[16].

Poster zur Verfilmung von *Kabale und Liebe* (BRD/A 2005, Regie: Leander Haußmann)
© Delphi/Cinetext

---

16 Koopmann, *Friedrich Schiller, Bd. 1*, S. 40.

3.2 Inhaltsangabe

> **ZUSAMMEN-FASSUNG**
>
> Die Liebe zwischen der Bürgerstochter Luise Miller und dem Adligen Ferdinand von Walter scheitert am Standesunterschied, der Intrige des Hofs und der eigenen Unfähigkeit zur klärenden Kommunikation.

Akt I
Szene 1

Stadtmusikant Miller sorgt sich wegen der Beziehung seiner Tochter Luise zum Adligen Ferdinand von Walter.

Vater Miller hat von der Beziehung seiner Tochter zu Major Ferdinand von Walter, dem Sohn des Präsidenten (Premierministers) am Hof des regierenden Herzogs, erfahren. Er missbilligt diese Beziehung, weil er um den guten Ruf seines Hauses fürchtet, aber auch an den ernsten Absichten Ferdinands zweifelt. Empört bezeichnet er seine Frau sogar als Kupplerin, weil sie sich durch diese Beziehung den sozialen Aufstieg der Tochter erhofft und die Bedenken Millers zu zerstreuen versucht. Ferdinands Geschenke bezeichnet Miller als Blutgeld und will den Präsidenten aufsuchen, um ihn zu bitten, die Beziehung seines Sohnes zu Millers Tochter zu unterbinden.

Szene 2

Miller ist nicht bereit, die Werbung des Sekretärs Wurm um seine Tochter zu unterstützen.

Miller wird an der Ausführung seines Vorhabens durch das Erscheinen des Haussekretärs des Präsidenten, Wurm, gehindert. Wurm erinnert Miller an sein Werben um Luise und bittet Miller, ihn dabei zu unterstützen. Frau Miller kann von ihrem Mann nicht daran gehindert werden, Andeutungen über das Verhältnis ihrer Tochter zu Major von Walter zu machen. Miller gibt Wurm zu verstehen, dass seine Tochter sich ihren Bräutigam selbst aussuchen kann und er einen Bräutigam, der nicht in der Lage ist, seine Braut ohne die

3.2 Inhaltsangabe

Hilfe des Brautvaters zu erobern, ablehnt. Verärgert verlässt Wurm die Wohnung. Miller schimpft seine Frau wegen ihres unüberlegten Geredes; er befürchtet, dass Wurm sein Wissen zu einer Intrige gegen sie benutzen könnte.

Szene 3
Als Luise aus der Kirche nach Hause kommt, gesteht sie ihren Eltern, dass all ihre Gedanken nur noch um Ferdinand kreisen. Erschreckt durch die Kraft ihrer Leidenschaft, versucht ihr Vater, sie von ihrer Beziehung abzubringen. Luise ist sich der Standesschranken zwischen ihrer bürgerlichen und der adligen Herkunft Ferdinands durchaus bewusst. Daher ist sie bereit, auf Ferdinand in dieser Welt zu verzichten, um ihn im Jenseits, wo es keine Standesschranken mehr gibt, für immer zu besitzen.

Miller versucht, Luise von der Unmöglichkeit ihrer Beziehung zu überzeugen.

Szene 4
Ferdinand besucht Luise. Er will sich ihrer Liebe vergewissern. Luise gesteht ihm ihre Ängste wegen der Standesschranken. Sie glaubt nicht, dass Ferdinands Vater ihrer Verbindung zustimmen wird. Ferdinand verspricht ihr schwärmerisch, alle Schwierigkeiten zu überwinden.

Begegnung zwischen Ferdinand und Luise

Szene 5
Wurm hat den Präsidenten über die Ernsthaftigkeit der Beziehung zwischen Ferdinand und Luise informiert. Der Präsident nimmt die Beziehung jedoch nicht ernst und durchschaut Wurms Eifersucht. Um seine eigene und die Position seiner Familie am Hof zu stärken, soll Ferdinand die Mätresse des Herzogs, Lady Milford, heiraten. Der Präsident geht aber auf Wurms Vorschlag ein, Ferdinand auf die Probe zu stellen, um zu erfahren, wie ernst Ferdinand seine Beziehung zu Luise ist.

Ferdinand wird ins politische Intrigenspiel eingeplant.

3.2 Inhaltsangabe

Szene 6

Hofmarschall von Kalb wird benutzt.

Der Präsident benutzt den Hofmarschall von Kalb, der sich durch sein Äußeres sowie durch seine Reden als eitel-dumme Hofschranze entlarvt, um das Gerücht von der bevorstehenden Hochzeit Ferdinands und Lady Milfords in der ganzen Residenz zu verbreiten.

Szene 7

Vater-Sohn-Konflikt

Der Präsident lässt Ferdinand zu sich kommen und versucht, ihn für seine Pläne zu gewinnen. Dabei spielt er ihm ein schlechtes Gewissen vor und informiert ihn darüber, dass er nur durch ein Verbrechen an seinem Vorgänger das Amt des Präsidenten erlangt habe. Das alles habe er aber nur getan, um Ferdinand den Aufstieg am Hof zu ebnen. Ferdinand ist entsetzt und sagt sich von solcher Art Karriere los. Er weigert sich auch, eine Ehe mit der seiner Meinung nach unmoralischen Lady Milford einzugehen. In die vom Präsidenten auf Anraten Wurms gestellte Falle tappt Ferdinand jedoch hinein, sodass seinem Vater klar wird, dass Ferdinand Luise liebt. Auf Druck seines Vaters ist Ferdinand bereit, Lady Milford aufzusuchen, will sie jedoch durch kalte Verachtung von einer Beziehung mit ihm abbringen.

Akt II

Szene 1

Lady Milford liebt Ferdinand.

Lady Milford offenbart ihrer erstaunten Kammerjungfer Sophie, dass sie Ferdinand liebt und daher selbst das Gerücht ihrer Hochzeit in die Welt gesetzt habe. Sie hofft, mit Ferdinand als Ehemann das Land verlassen zu können, da sie in ihrem Innersten das Hofleben mit seinen Intrigen und seiner Günstlingswirtschaft verachtet.

3.2 Inhaltsangabe

Szene 2
Als der Herzog Lady Milford einen kostbaren Brillantschmuck zur bevorstehenden Hochzeit schickt, erfährt die Lady durch den überbringenden Kammerdiener vom Soldatenhandel des Herzogs. Sie ist entsetzt darüber, dass der Herzog, um sein Hofleben zu finanzieren, seine Soldaten an die Engländer für ihren Krieg in Amerika verkauft. Auch das geschilderte barbarische Vorgehen beim Abmarsch der verkauften Soldaten empört sie. Sie befiehlt, den Schmuck zu verkaufen und an die Einwohner an der Grenze zu verteilen, deren Ort abgebrannt ist. Auch will sie die Söhne des Kammerdieners freikaufen.

Der Soldatenhandel des Herzogs („Kammerdienerszene")

Szene 3
Ferdinand macht Lady Milford klar, dass er nur auf Befehl seines Vaters zu ihr komme und kein eigenes Interesse an ihr habe. Er wirft ihr Ehrlosigkeit und Mitschuld am Elend des Volkes vor. Ferdinand bezweifelt sogar, dass sie eine freiheitsliebende Britin sei.

Ferdinand schätzt Lady Milford falsch ein.

Lady Milford ist entsetzt über Ferdinands Verachtung und sieht sich gezwungen, ihm ihre tragische Lebensgeschichte zu erzählen. Außerdem macht sie ihm klar, dass sie ihren Einfluss auf den Herzog benutzt habe, um das Schicksal der Untertanen zu mildern. Auch gesteht sie ihm ihre Liebe.

Ferdinand sieht beschämt ein, dass er die Lady falsch beurteilt hat und gesteht ihr seine Liebe zur Bürgerstochter Luise. Lady Milford sieht nun nicht nur ihre Liebe zu Ferdinand auf dem Spiel, sondern auch ihre Ehre. Sie kündigt Ferdinand deshalb an, ihn mit allen Mitteln für sich gewinnen zu wollen, auch um dem hämischen Spott ihrer Neider zu entgehen.

3.2 Inhaltsangabe

Szene 4

Miller fürchtet die Reaktion des Präsidenten.

Miller ist in Panik. Ein Diener des Präsidenten hat vor der Haustür nach ihm gefragt. Miller glaubt, Wurm habe aufgrund der Bemerkungen seiner Frau dem Präsidenten von der Beziehung zwischen Ferdinand und Luise erzählt. In großer Aufregung beschimpft er seine Frau und wirft ihr Kuppelei vor. Er will zum Präsidenten gehen, um die Sache zu bereinigen. Auch eine Flucht mit Luise außer Landes geht ihm durch den Kopf.

Szene 5

Luise und ihr Vater zweifeln an Ferdinands Aufrichtigkeit.

Ferdinand, der einen Gewaltstreich seines Vaters befürchtet, stürzt aufgeregt in Millers Wohnung. Er bekräftigt Luise gegenüber nochmals seine Liebe, gesteht aber auch, dass Lady Milford ihn beeindruckt hat. Luise glaubt, Ferdinand verloren zu haben und begibt sich in die Obhut ihres Vaters. Auch Miller glaubt, Ferdinand habe Luise nur ausgenutzt, um sie dann sitzen zu lassen.

Ferdinand bekräftigt nochmals seine Liebe zu Luise und will der Intrige seines Vaters entgegentreten. Als er die Wohnung verlässt, stößt er mit seinem Vater zusammen.

Szene 6

Konfrontation mit dem Präsidenten

Der Präsident erscheint mit Gefolge. Er befragt Luise zu ihrem Verhältnis zu Ferdinand und bezeichnet sie als Hure. Ferdinand zieht darauf den Degen gegen seinen Vater und sagt sich von ihm los. Miller, schwankend zwischen Untertänigkeit und Bürgerstolz, weist den Präsidenten aus seiner Wohnung.

Wutentbrannt droht der Präsident Miller und seiner Familie mit Kerkerhaft und schickt nach den Gerichtsdienern. Miller will beim Herzog um Gnade bitten.

3.2 Inhaltsangabe

Szene 7
Als die Gerichtsdiener erscheinen, befiehlt der Präsident ihnen, Luise zu verhaften, um sie an den Pranger zu stellen. Ferdinand verteidigt Luise mit dem Degen und versucht, seinen Vater umzustimmen. Als alle Versuche und Angebote nichts nützen, droht Ferdinand, die Verbrechen des Präsidenten öffentlich zu machen. Entsetzt lässt der Präsident Luise frei.

Ferdinand verteidigt Luise gegen seinen Vater.

Akt III
Szene 1
Der Präsident muss sich das Scheitern seiner Intrige eingestehen, doch sein Sekretär Wurm entwirft eine neue Kabale, die auf der Eifersucht Ferdinands aufbaut. Luises Eltern sollen verhaftet und unter die schwere Anklage der Majestätsbeleidigung gestellt werden. Um sie zu retten, soll Luise einen Brief schreiben, in dem sie den Hofmarschall als ihren Geliebten bezeichnet. Luise und ihre Eltern müssen diesen Brief als echt beschwören. Dieser Brief soll dann Ferdinand zugespielt werden. Wurm und der Präsident erhoffen sich von dieser Intrige, dass Ferdinand in seiner Eifersucht Luise verstößt und Lady Milford heiratet. Um ihre Ehre zu retten, müsste Luise dann einer Heirat mit Wurm zustimmen.

Wurm und der Präsident spinnen eine neue Intrige.

Szene 2
Der Präsident gewinnt Hofmarschall von Kalb für seine Intrige, indem er ihm weismacht, dass Ferdinand ihrer beider Vergehen am Hof publik machen will und, falls Ferdinand Lady Milford nicht heiraten würde, der Erzrivale Kalbs, Oberschenk von Bock, die Lady heiraten und am Hof aufsteigen würde.

Der Hofmarschall wird für die Intrige gewonnen.

3.2 Inhaltsangabe

Szene 3

Die Intrige beginnt.

Wurm berichtet dem Präsidenten, dass Luises Eltern heimlich verhaftet worden seien und zeigt ihm den Brief, den Luise schreiben soll.

Szene 4

Luise entsagt ihrer Liebe zu Ferdinand.

Ferdinand schwärmt Luise von ihrer Liebe vor. Er will mit ihr fliehen und ist auf Luises Einwand hin sogar bereit, Luises Vater mitzunehmen. Luise aber fürchtet die Rache des Präsidenten und will sich den Standesschranken beugen. Ferdinand versteht ihre Beweggründe nicht und sieht auch nicht ihren Kummer. Enttäuscht vermutet er einen Liebhaber hinter Luises Haltung. Er verlässt wütend Luises Wohnung.

Szene 5

Luises Eltern wurden verhaftet.

Luise sorgt sich um ihre Eltern, die schon seit fünf Stunden weg sind. Sie bemerkt nicht, dass Wurm heimlich die Wohnung betreten hat.

Szene 6

Wurm zwingt Luise, einen falschen Liebesbrief an den Hofmarschall zu schreiben.

Wurm eröffnet Luise, dass ihre Eltern im Gefängnis sind und behauptet, er sei von ihrem Vater zu ihr geschickt worden, weil nur sie ihn retten könne. Als Luise zum Herzog gehen will, hält Wurm sie davon ab, indem er ihr klarmacht, dass der Herzog für eine Begnadigung ihre Unschuld fordern werde. Luise könne ihre Eltern nur retten, wenn sie Ferdinand dazu brächte, freiwillig auf sie zu verzichten. Die völlig verstörte Luise ist bereit, einen Liebesbrief an den ihr völlig unbekannten Hofmarschall zu schreiben. Wurm bietet Luise, um sie vor der Schande zu bewahren, an, ihn zu heiraten. Angewidert lehnt Luise ab. Wurm zwingt Luise zu behaupten, den Liebesbrief freiwillig geschrieben zu haben.

3.2 Inhaltsangabe

Akt IV
Szene 1
Ferdinand ist der falsche Liebesbrief zugespielt worden. In höchster Aufregung sucht er nach dem Hofmarschall.

Ferdinand erhält den Brief.

Szene 2
Ferdinand will zunächst nicht richtig an die Untreue Luises glauben, zweifelt allerdings nicht an der Echtheit des Briefes. Wütend und enttäuscht reflektiert er Luises Verhalten, das ihm jetzt wie eine verlogene Inszenierung vorkommt. Ferdinand fühlt sich hintergangen und benutzt.

Ferdinand zweifelt an Luises Liebe.

Szene 3
Als der Hofmarschall erscheint, konfrontiert Ferdinand ihn mit Luises Liebesbrief und fordert ihn zum Duell. Ferdinand zeigt ihm offen seine Verachtung, verschont jedoch den vor Angst schlotternden Hofmarschall. Er will ihn hingegen mit vorgehaltener Pistole zwingen, zu gestehen, wie weit sein Verhältnis mit Luise gegangen sei. Der Hofmarschall gesteht in seiner Angst, dass Ferdinand betrogen worden sei und er Luise noch nie gesehen habe. In seiner eifersüchtigen Wut missversteht Ferdinand jedoch die Andeutungen des Hofmarschalls und wirft ihn aus dem Zimmer.

Ferdinand missversteht das Geständnis des Hofmarschalls.

Szene 4
Ferdinand reflektiert darüber, wie eng er mit Luise verbunden ist, und beschließt, sich und Luise zu töten, um wenigstens im Jenseits – und sei es in der Hölle – mit ihr vereint zu sein.

Ferdinand beschließt, Luise und sich zu töten.

3.2 Inhaltsangabe

Szene 5

Der Präsident heuchelt väterliche Gefühle.

Der Präsident tritt auf und treibt seine Intrige auf die Spitze. Er heuchelt dem verzweifelten Ferdinand väterliche Gefühle vor und behauptet, sich in Luise getäuscht zu haben. Sie sei rein und tugendhaft und er habe nichts mehr gegen Ferdinands Vermählung mit ihr. Entsetzt glaubt Ferdinand, dass Luise nun auch seinen Vater getäuscht habe, was sie in Ferdinands Augen noch verwerflicher macht.

Szene 6

Lady Milford will Luise demütigen.

Lady Milford hat durch ihre Kammerzofe Luise zu sich bitten lassen und erfährt erstaunt, dass das auch Luises Wunsch war. Sie will Luise durch die Zurschaustellung ihres Reichtums und ihrer Macht demütigen.

Szene 7

Luise zeigt sich Lady Milford moralisch überlegen.

Lady Milford empfängt Luise (aufgesetzt) hochmütig und bietet ihr gnädig die Stelle als Kammerzofe an. Luise lehnt ab und hält Lady Milford das verwerfliche Hofleben und die Zerstörung ihrer Beziehung zu Ferdinand vor Augen. Provozierend fragt sie, ob die Lady hier wirklich glücklich sei. Lady Milford gibt sich geschlagen und sucht Luises Freundschaft. Sie bittet Luise, auf Ferdinand zu verzichten, und versucht, ihn freizukaufen. Zu ihrer Überraschung gibt Luise Ferdinand freiwillig frei, kündigt aber auch ihren Selbstmord an.

Szene 8

Lady Milford will sich vom Hof lossagen.

Lady Milford fühlt sich durch Luises Verzicht auf Ferdinand beschämt. Sie besinnt sich auf ihre eigene moralische Stärke und ihren Stolz. Sie will auf Ferdinand verzichten und den Hof verlassen.

3.2 Inhaltsangabe

Szene 9
Lady Milford sagt sich vom Herzog los. Ihrer Dienerschaft lässt sie vom überraschten und überforderten Hofmarschall ihren Abschiedsbrief an den Herzog, in dem sie ihm die Unterdrückung seines Volkes vorwirft, vorlesen. Sie verzichtet auf ihre Titel und lässt, bevor sie das Land verlässt, ihr Vermögen an ihre Bediensteten verteilen.

Lady Milford verlässt den Hof.

Akt V
Szene 1
Durch den Entschluss zum Selbstmord hat Luise (scheinbar) ihren Seelenfrieden wiedergefunden. Sie zeigt ihrem Vater einen Brief an Ferdinand, in dem sie die Zerstörung ihrer Beziehung durch die höfische Intrige und ihr Schweigegelübde darlegt und auf eine Vereinigung mit Ferdinand im Jenseits hofft. Luises entsetzter Vater versucht, Luise mit christlichen Argumenten und dem Hinweis auf seinen Kummer vom Selbstmord abzubringen. Als Luise seine Verzweiflung sieht, zerreißt sie den Brief an Ferdinand und beschließt, mit ihrem Vater außer Landes zu fliehen.

Miller hält Luise vom Selbstmord ab.

Szene 2
Ferdinand erscheint bei Luise und verkündet zynisch, dass nun alle Hindernisse für ihre Vermählung ausgeräumt seien und er sie zur Hochzeit abholen wolle. Dann konfrontiert er Luise mit ihrem Liebesbrief an den Hofmarschall und fragt, ob der Brief wirklich von ihr geschrieben worden sei. An ihren Eid gebunden und von ihrem Vater bedrängt, gibt Luise zu, den Brief geschrieben zu haben. Sie erklärt allerdings nicht die Umstände seines Entstehens. Ferdinand gibt sich geschockt und bittet Luise um ein Glas Limonade.

Luise bestätigt Ferdinand die Echtheit des Briefs.

3.2 Inhaltsangabe

Szene 3

Ferdinand deutet Miller seine Tötungsabsichten an.

Ferdinand und Miller erinnern sich, wie Ferdinand erstmals Millers Wohnung, um Flötenunterricht zu erhalten, betreten und sich dabei in Luise verliebt hat. Er deutet seine Tötungsabsichten an, wird aber von Miller nicht verstanden. Miller erzählt Ferdinand von seiner großen Liebe zu seinem einzigen Kind. Ferdinand schickt ihn hinaus, um nach der Limonade zu sehen.

Szene 4

Ferdinand rechtfertigt sich selbst gegenüber die Tötungsabsicht.

Als Ferdinand allein ist, hat er Mitleid mit Miller und bekommt Skrupel, dessen einziges Kind zu töten. Er rechtfertigt sich aber mit dem Gedanken, dass die (in seinen Augen) heuchlerisch-falsche Luise ihrem Vater das erhoffte Glück sowieso nicht geben würde.

Szene 5

Ferdinand will Miller mit Gold entschädigen.

Als Miller zurückkommt, gibt Ferdinand ihm einen Beutel Gold. Er will Miller für den Tod seiner Tochter entschädigen. Miller versteht es aber als Bezahlung für seine Musikstunden. Der unverhoffte Reichtum versetzt Miller in eine ausgelassene Stimmung, in der er bedenkenlos Pläne macht, wie er und Luise die Grenzen ihres Standes verlassen können.

Szene 6

Ferdinand vergiftet die Limonade.

Als Luise mit der Limonade kommt, schickt Ferdinand ihren Vater gegen den Willen Luises, die ängstlich den Auftrag selbst ausführen will, unter einem Vorwand mit einem Brief zum Präsidenten. Als Luise ihren Vater hinausbringt, vergiftet Ferdinand die Limonade.

3.2 Inhaltsangabe

Szene 7

Luise versucht, ein belangloses Gespräch mit Ferdinand zu führen. Der geht nicht darauf ein, sondern sinniert zynisch über seine Enttäuschung und über ihre Falschheit. Beide trinken von der vergifteten Limonade. Erst als Ferdinand Luise eröffnet, dass er sie vergiftet hat, klärt Luise ihn über die Intrige seines Vaters auf. Im Sterben vergibt Luise ihm und bittet auch Ferdinand, seinem Vater zu vergeben.

Luise offenbart Ferdinand sterbend die Intrige.

Letzte Szene

Der Präsident stürzt mit Wurm, Miller und Gefolge ins Zimmer. Entsetzt erkennt er den Ausgang seiner Intrige. Während Miller am Tod seiner Tochter verzweifelt, schiebt Ferdinand seinem Vater die Schuld an der Tragödie zu. Der Präsident will die Verantwortung nicht übernehmen und beschuldigt Wurm. Wurm lässt sich verhaften, kündigt aber an, auch die Verbrechen des Präsidenten zu offenbaren. Sterbend reicht Ferdinand seinem Vater die Hand zur Versöhnung. Gebrochen begibt sich der Präsident in die Hände der Justiz.

Ferdinand verzeiht sterbend seinem Vater, der daraufhin die Verantwortung für seine Verbrechen übernimmt.

3.3 Aufbau

3.3 Aufbau

ZUSAMMENFASSUNG

→ Das Drama ist streng durchkomponiert.
→ Der Aufbau ist symmetrisch-dialektisch.
→ In der Handlung finden sich mehrfach Titelbezüge.

Formal gesehen ist *Kabale und Liebe* ein fünfaktiges Schauspiel, das sich im Wesentlichen an den klassischen, aristotelischen Dramenaufbau hält:

3. Akt:
Höhepunkt/Peripetie (Wendepunkt)
Planung der höfischen Kabale;
Luise gibt Ferdinand frei; Ferdinand zweifelt an Luises Liebe.

2. Akt:
Erregendes Moment

Ferdinand ist von Lady Milford beeindruckt; gewaltsamer Streit zwischen Ferdinand und seinem Vater.

4. Akt:
Retardierendes (verzögerndes) Moment/Krise

Hofmarschall gesteht die Intrige; Präsident stimmt Hochzeit (scheinbar) zu.

1. Akt:
Exposition

Personen und Konflikte (Liebe zwischen adligem Ferdinand und bürgerlicher Luise) werden vorgestellt.

5. Akt:
Schluss/Lösung

Ferdinand vergiftet Luise und sich selbst (Katastrophe).

3.3 Aufbau

Bei der Einhaltung der drei Einheiten (Einheit der Handlung = ein Handlungsstrang ohne Nebenhandlungen; Einheit des Schauplatzes = Handlung spielt an nur einem Ort, Einheit der Zeit = Ablauf der Handlung innerhalb von 24 Stunden) hat sich Schiller allerdings etwas von der klassischen Struktur gelöst. Neben der Haupthandlung, der tragischen Liebesgeschichte von Luise und Ferdinand, hat Schiller die Nebenhandlung um Lady Milford hinzugefügt. Die Handlung des Dramas spielt an drei verschiedenen Orten (Zimmer der Familie Miller, Saal beim Präsidenten und Saal im Palais der Lady Milford). Beim zeitlichen Ablauf der Handlung ist nicht ganz klar, ob sich das Drama an einem oder an zwei Tagen abspielt. Vom Handlungsgeschehen her ist es jedoch naheliegend, die Akte IV und V am zweiten Tag spielen zu lassen.[17]

Leichtes Lösen von den klassischen drei Einheiten

Sieht man sich den Aufbau von *Kabale und Liebe* genauer an, so stellt man fest, dass Schiller sein Stück geschickt durchstrukturiert hat. Er stellt die beiden Welten, in und zwischen denen sich die Handlung abspielt (die kleinbürgerliche Welt der Millers und die adlige Hofgesellschaft), sich szenisch abwechselnd gegenüber: „Auf diese Weise wird die ‚kleine Welt' (...) der ‚großen Welt' dialektisch gegenübergestellt, andererseits aber eine Symmetrie in der Abfolge der Szenen erstellt."[18] Lediglich Akt IV und Akt V spielen in nur jeweils einer „der Welten", Akt IV nur in der Adelswelt, Akt V nur in der Kleinbürgerwelt. Diese Konzentration betont die Bedeutung dieser Handlungsorte. Akt IV zeigt die Auswirkung der Intrige des Adels auf den Adligen Ferdinand; logischerweise spielt sie nur in der adligen Welt.

Bürgerliche und adlige Welt stehen szenisch einander gegenüber.

---

17 Siehe auch Schäfer, *Kabale und Liebe*, S. 14.
18 Müller, S. 36.

3.3 Aufbau

In Akt V ereignet sich die Katastrophe, die durch das „Eindringen" der Adelswelt in die Bürgerwelt entstanden ist. Daher ist es nur konsequent, das „Finale" in der Bürgerwelt spielen zu lassen. Somit beginnt und endet das Liebesdrama auch szenenmäßig in der bürgerlichen Welt.

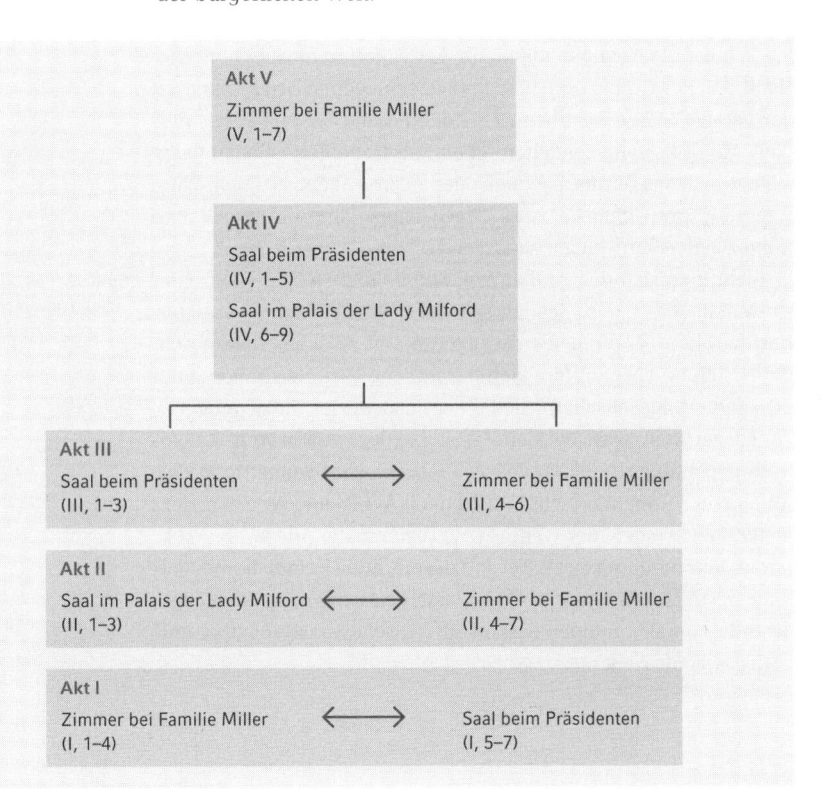

Akt V
Zimmer bei Familie Miller
(V, 1–7)

Akt IV
Saal beim Präsidenten
(IV, 1–5)
Saal im Palais der Lady Milford
(IV, 6–9)

Akt III
Saal beim Präsidenten ⟷ Zimmer bei Familie Miller
(III, 1–3)   (III, 4–6)

Akt II
Saal im Palais der Lady Milford ⟷ Zimmer bei Familie Miller
(II, 1–3)   (II, 4–7)

Akt I
Zimmer bei Familie Miller ⟷ Saal beim Präsidenten
(I, 1–4)   (I, 5–7)

3.3 Aufbau

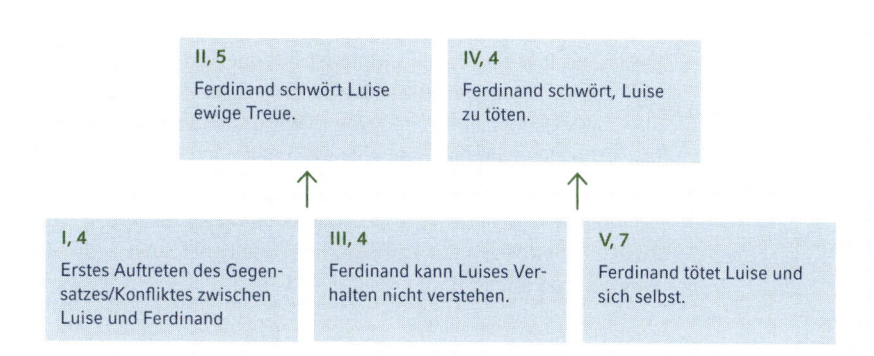

II, 5 Ferdinand schwört Luise ewige Treue.	**IV, 4** Ferdinand schwört, Luise zu töten.	
↑	↑	
I, 4 Erstes Auftreten des Gegensatzes/Konfliktes zwischen Luise und Ferdinand	**III, 4** Ferdinand kann Luises Verhalten nicht verstehen.	**V, 7** Ferdinand tötet Luise und sich selbst.

Auch die Liebeshandlung ist symmetrisch aufgebaut. Die drei Szenen zwischen Luise und Ferdinand befinden sich am Anfang (I, 4), in der Mitte (III, 4) und am Ende des Stücks (V, 7). Jeweils dazwischen schwört Ferdinand ewige Treue (II, 5) bzw. beschließt er die Ermordung Luises (IV, 4).[19]

Symmetrischer Aufbau der Liebeshandlung

Bezieht man den Titel *Kabale und Liebe* auf die Handlung des Stücks, so kann man ihn im Stück mehrfach bestätigt finden. „Genau genommen sind es zwei Kabalen und drei Liebesgeschichten, die miteinander verknüpft sind."[20] Die erste Kabale ist der Plan des Präsidenten, seinen Sohn mit Lady Milford, der Favoritin des Herzogs, zu vermählen, damit diese sich als Frau von Ferdinand offiziell am Hof aufhalten, aber inoffiziell ihrer bisherigen „Funktion" weiter nachgehen kann. Als diese Intrige an der Liebe Ferdinands zu Luise scheitert, kommt es zur zweiten Kabale, die Ferdinand und Luise auseinanderbringen soll.

Titelbezüge in der Handlung

---

19 Vgl. hierzu auch Binder, *Kabale und Liebe*.
20 *Adelssatire und bürgerliches Ethos. Friedrich Schiller: Kabale und Liebe*; vgl. www.litde.com/sturm-und-drang-epoche/das-nichtaristotelische-drama/adelssatire-und-buergerliches-ethos/friedrich-schiller-kabale-und-liebe.de (Stand Juni 2011).

3.3 Aufbau

Die erste Liebesgeschichte ist die tragisch endende zwischen Ferdinand und Luise. Die zweite ist die unerwiderte Liebe Lady Milfords zu Ferdinand. Die dritte Liebesgeschichte schließlich ist die unglückliche Liebe des Sekretärs Wurm zu Luise. Alle drei Liebesgeschichten sind mit den entsprechenden Kabalen verbunden. In allen drei Fällen misslingt die Intrige bzw. führt die Intrige nicht zum gewünschten Erfolg, sondern endet in der Katastrophe – mit Ausnahme vielleicht der Lady-Milford-Geschichte, aber Lady Milford beendet immerhin ihr bisheriges Leben.

3.3 Aufbau

Wurm zwingt Luise, den falschen Liebesbrief zu schreiben. Szenenbild einer Aufführung des Deutschen Theaters Berlin (1962) © Cinetext/Henschel Theater-Archiv

3.4 Personenkonstellation und Charakteristiken

3.4 Personenkonstellation und Charakteristiken

ZUSAMMEN-FASSUNG

> In den Figuren des Stücks stehen sich die bürgerliche und die adlige Welt des Hofes gegenüber. Die Figuren dieser beiden Welten gruppieren sich um die Hauptfigur Luise Miller.

Alle Figuren des Stücks lassen sich entweder der Welt des Adels oder der Welt des Bürgertums zuordnen. Lediglich Sekretär Wurm und Ferdinand von Walter stehen zwischen beiden Welten. Der bürgerliche Wurm als enger Vertrauter und Sekretär des Präsidenten lebt, agiert und intrigiert sowohl in der Adelswelt als auch in der Bürgerwelt. Ferdinand gehört zwar nach Geburt zur Adelswelt, will aber die Standesgrenzen, auch wegen seiner Liebe zur bürgerlichen Luise Miller, sprengen.

Luise Miller

Die Zentralfigur in *Kabale und Liebe* ist Luise Miller. Nicht umsonst wollte Schiller sein Stück ursprünglich nach ihr benennen. Sie bildet

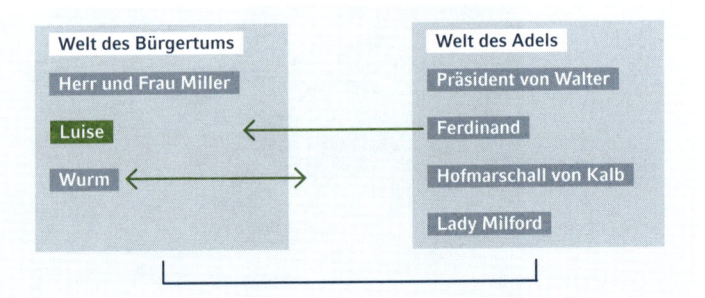

Welt des Bürgertums	Welt des Adels
Herr und Frau Miller	Präsident von Walter
Luise	← Ferdinand
Wurm	← → Hofmarschall von Kalb
	Lady Milford

3.4 Personenkonstellation und Charakteristiken

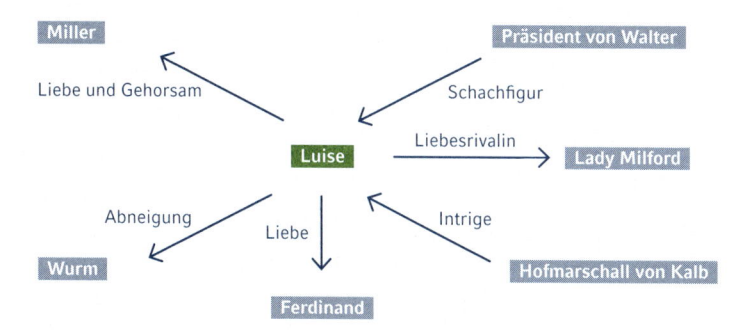

```
Miller                                    Präsident von Walter
     ↖                                   ↙
       Liebe und Gehorsam    Schachfigur
                       ↖    ↙
                      Luise  ——Liebesrivalin——→  Lady Milford
                       ↙  ↖
       Abneigung    Liebe    Intrige
     ↙                ↓                      ↖
  Wurm            Ferdinand                Hofmarschall von Kalb
```

den „Knotenpunkt"[21] aller Handlungsstränge des Stücks und ist die einzige Figur, die mit allen anderen in persönlicher Verbindung steht.

Luise ist die sechzehnjährige Tochter des Stadtmusikanten Miller. Sie wächst behütet in ihrer kleinbürgerlichen Familie auf und ist durch ihre Erziehung und die ihr dabei vermittelten Werte- und Moralvorstellungen geprägt. Ferdinand von Walter ist ihre erste große Liebe; diese Liebe bringt sie in Konflikt mit ihrer bisherigen Lebensauffassung. Das zeigt sich bereits in ihrem ersten Auftritt (vgl. I, 3). Luise liebt Ferdinand von Herzen; er beherrscht all ihre Gedanken. So kann die christlich erzogene und religiöse Luise sich im Gottesdienst nicht mehr auf die Andacht konzentrieren. Sie empfindet das durchaus als schwere Sünde (vgl. I, 3, HL S. 9/R S. 12), aber es gelingt ihr, indem sie behauptet, Gott durch sein Werk (Ferdinand) zu loben (vgl. I, 3, HL S. 9/R S. 13), sich zunächst aus diesem Gewissenskonflikt zu winden.

---
21 Zimmer, *Friedrich Schiller: Kabale und Liebe*, S. 45.

3.4 Personenkonstellation und Charakteristiken

Luise erkennt sehr früh, dass die Standesgrenzen ihre Liebe zum Scheitern bringen werden. Sie flieht in eine (pseudo-)religiöse Lösung. Sie will auf Ferdinand hier auf Erden verzichten, ihn aber stattdessen im Jenseits, wo es keine Standesgrenzen mehr gibt, ewig besitzen (vgl. I, 3, HL S. 10/R S. 14):

„Sie stellt [somit] eines der sonderbarsten Phänomene radikalster Verdrängung des Glücksverlangens aus der gesellschaftlichen Realisierbarkeit in die subjektive, im Wortsinn übernatürliche Utopie dar."[22]

Enge Bindung an den Vater

Neben ihrer Religiosität ist es vor allem Luises enge Bindung an ihren Vater, die ihr Handeln (mit-)bestimmt: „Die Bestimmung Luises durch die Vaterautorität zieht sich durch das gesamte Stück."[23] Sie bestimmt Luises Handeln sogar mehrfach so stark, dass Luise ihre eigenen Interessen und Pläne zurückstellt. So lehnt sie Ferdinands Plan, gemeinsam außer Landes zu fliehen, ab, weil sie die Rache des Präsidenten für ihren Vater befürchtet (vgl. III, 4, HL S. 50/R S. 64). Um ihren Vater zu retten, schreibt sie den von Wurm diktierten falschen Liebesbrief (vgl. III, 6, HL S. 55 ff./R S. 69 ff.). Schließlich ist es die Liebe zu ihrem Vater, die sie vom Selbstmord und der damit erhofften Vereinigung mit Ferdinand im Jenseits abhält (vgl. V, 1, HL S. 78/R S. 100).

Luises Moralverständnis

Auch Luises Moralverständnis basiert auf ihrer väterlichen Erziehung. So lehnt sie das unmoralische Hofleben konsequent ab und ist eher bereit, als entehrtes Mädchen zu leben, als ihren erzwungenen Eid zu brechen. So kann Luise am Ende den ironisch-

---

22 Rischbieter, *Friedrich Schiller*, Band 1, S. 58.
23 Zimmer, S. 45.

3.4 Personenkonstellation und Charakteristiken

bitteren Anklagen Ferdinands nur ihr durch den Eid erzwungenes Schweigen und die geforderte Lüge entgegensetzen.

> „Was immer sie unternimmt oder unterlässt, um ihre Reinheit zu bewahren – es schlägt gegen sie aus. Ihre Situation ist ausweglos tragisch. Handeln wie Nichthandeln führen zuletzt in die unabwendbare Schuld."[24]
> „Luise kann nicht selbstbestimmt handeln. Sie ist sowohl ihrem Vater als auch Ferdinand ausgeliefert und leistet [nur] dort Widerstand, wo sie es aufgrund des erlernten Wertekanons kann (vgl. z. B. III, 4). Ihre Einbettung in die väterliche Wertvorstellung macht ihr Weltbild starr."[25]

Luise ist damit angreifbar für die Intrigen des Hofes.

Ferdinand von Walter

Ferdinand von Walter ist vordergründig ein typischer Sturm-und-Drang-Held. Er stellt sich gegen die gesellschaftlichen Schranken und propagiert das natürliche Recht auf Freiheit. Seine unkonventionelle Liebe zur Bürgerstochter Luise gibt ihm die Gelegenheit, seine Freiheitsideale umzusetzen. Aber obwohl Ferdinand mit seinen 20 Jahren mit der Position eines Majors schon eine recht hohe Stellung in der Armee erreicht hat, ist er doch recht lebensunerfahren: „Er ist kein durch das Leben geprägter junger Mann. Im Gegenteil, er ist ein reiner Theoretiker."[26]

Zwar lehnt er das Hofleben und die ihm von seinem Vater vorgezeichnete Hofkarriere ab, aber Ferdinands Gesellschaftskritik führt

Vordergründig ist er ein Sturm-und-Drang-Held, aber ohne Lebenserfahrung.

---
24 Sautermeister, *Kabale und Liebe*. In: Kindlers Neues Literaturlexikon, S. 933 f.
25 Nordmann, S. 73.
26 Ebd., S. 74.

3.4 Personenkonstellation und Charakteristiken

bei ihm nicht dazu, selbst einen gesellschaftlichen Gegenentwurf umzusetzen. Er entwickelt nicht den Willen „selbst Macht auszuüben, um eine gerechte Herrschaft mit neuen Idealen zu errichten."[27] Mehr als Wort- denn als Tatheld versteigt er sich immer mehr in das Idealbild seiner Liebe zu Luise und verabsolutiert es (vgl. III, 4). Nicht zu Unrecht bezeichnet Wurm ihn als „Schwärmer" (vgl. III, 1).

Flucht in die Utopie

Ohne realen Ort für die Verwirklichung seiner Ideale flüchtet sich Ferdinand in die Utopie. Dabei verliert dieses Liebesideal immer mehr an Verbindung zur Realität. Für Ferdinand zählt schließlich nicht mehr die Liebe zur realen Luise; Luise wird für ihn vielmehr nur noch zum „Schlüssel" für die Erfüllung seiner Ideale: „Total, totalitär, ja terroristisch wird dieser jegliche Realität verachtende Enthusiasmus für die eigenen Gefühle (...) in Ferdinand."[28]

Ferdinands Egozentrik

Immer mehr tritt seine Egozentrik zu Tage. Seine Sichtweise ist die allein gültige. Luises Ängste, Bedenken und Nöte sieht er nicht (vgl. II, 5). Hier zeigt sich auch Ferdinands tiefe Verankerung im adligen Denken. Er befiehlt, bestimmt und erwartet ganz selbstverständlich, dass man/Luise ihm gehorcht. Andere Ansichten oder Einwände akzeptiert er nicht. Sie sind für ihn schon fast ein Zeichen von Verrat (vgl. III, 4).

Gefangen im eigenen Denken

Aus dieser Gefangenheit im eigenen Denken ist sein Verhalten auf die Kabale zu verstehen. Mit dem angeblichen Verrat ihrer Liebe durch Luise wird Ferdinand quasi das Lebensfundament entzogen. Schlagartig wird ihm seine Einsamkeit zwischen den Ständen bewusst. Er flieht zurück in seinen Geburtsstand und verfällt auch wieder – zumindest bezüglich der Kabale – in die Denkweise des Hofes. Die Lächerlichkeit einer Beziehung Luises mit dem Hofmar-

---

27 Ebd., S. 75.
28 Rischbieter, S. 58.

3.4 Personenkonstellation und Charakteristiken

schall nimmt er nicht wahr; in seiner egozentrischen Eifersucht kann er auch die Andeutungen von Kalbs und Luises zur Intrige nicht verstehen.

Sein Entschluss, Luise und sich heimlich zu töten, ein Plan, „der auf einen Einzelgänger zugeschnitten ist"[29], zeigt seine Isolierung. Die versöhnende Geste gegenüber seinem Vater beendet sein Leben immerhin versöhnlich. Er hat im Tod seine Egozentrik verloren und in Luises Welt gefunden.

Überwindung der Egozentrik erst im Tod

Präsident von Walter

Präsident von Walter, der Vater Ferdinands, ist Premierminister am herzoglichen Hof. Er ist ein skrupelloser Machtpolitiker, der die Spielregeln des Hofes voll beherrscht: „Ein Realist, der im Aufstieg und bei der Machtausübung den Zynismus gelernt hat."[30] Das Wichtigste für ihn sind der Erhalt und die Festigung seiner Machtposition. Um diese Ziele zu erreichen, schreckt er vor Verbrechen nicht zurück. Seine Mitmenschen benutzt er ohne Skrupel für seine Zwecke. So schmeichelt er dem närrischen Hofmarschall, den er eigentlich verachtet, um ihn für seine Kabale zu benutzen. Sogar den Herzog manipuliert er, indem er dessen sexuelle Leidenschaften begünstigt. So kann er ihn von den Regierungsgeschäften fernhalten und selbst die Geschicke des Landes bestimmen.

Skrupelloser Machtpolitiker

Für seinen Sohn Ferdinand kann er sich nur eine Karriere bei Hof vorstellen. So hat er ihm den Weg vorbereitet und geebnet. Der Präsident scheut sich aber auch nicht, Ferdinand für seine eigene Karriere zu benutzen, indem er ihn mit der Mätresse des Herzogs, Lady Milford, verheiraten will. Eine Ehe kann sich der Präsident sowieso nur als strategisches Kalkül zur Machterhaltung bzw. ihrer

---

29 Nordmann, S. 76.
30 Rieschbieter, S. 61.

3.4 Personenkonstellation und Charakteristiken

Erweiterung vorstellen; sexuelle Befriedigung findet man anderweitig.

Ohne Verständnis für Ferdinands Liebe zu Luise

So hat er kein Verständnis für die Liebe Ferdinands zur bürgerlichen Luise (vgl. I, 5 und II, 6). Für den Präsidenten ist diese Beziehung nur eine „unstandesgemäße Liebschaft auf Zeit"[31], die Kabale in seinen Augen ein angemessenes Mittel, sie zu beenden.

Späte Einsicht

Am Ende muss er jedoch erkennen, dass nicht alle Menschen ihr Leben nur nach Nützlichkeitskriterien bestimmen, sondern dass es auch andere Wertvorstellungen gibt. Aber noch im Angesicht des Todes von Luise und des Sterbens seines Sohnes versucht er zunächst noch, alle Schuld auf seinen Sekretär Wurm zu schieben, muss allerdings erleben, dass sein Intrigennetz zerreißt. Wurm stellt sich gegen ihn und will die Verbrechen offenbaren. Erst die Verzeihung und der Tod seines Sohnes bringen den Präsidenten zum Umdenken. Als gebrochener Mann ist er bereit, für seine Verbrechen geradezustehen (vgl. die letzte Szene des Stücks).

Hofmarschall von Kalb

Karikatur eines Höflings

In Hofmarschall von Kalb karikiert Schiller den oberflächlichen, hohlen, eitlen und weltfremden Hofschranzen. Von Kalb ist abhängig vom Präsidenten, da auch er über Verbrechen zu seiner Stellung gekommen ist (vgl. III, 2). Sein Amt entspricht seiner eigenen Lebensauffassung: Sein Leben ist nur auf äußeren Schein ausgerichtet. So legt er übergroßen Wert auf Kleidung; seine mit französischen Vokabeln durchsetzte Redeweise soll Vornehmheit demonstrieren. In seinem Standesdünkel und seiner Eitelkeit kann er Ferdinands Liebe zur bürgerlichen Luise nicht begreifen. Für ihn läge ein Verhältnis mit einer Bürgerlichen weit unter seiner Würde (vgl. III, 2).

---

31 Ebd., S. 61.

3.4 Personenkonstellation und Charakteristiken

Der Präsident verachtet ihn zwar, kann ihn aber leicht für seine Intrige benutzen, indem er von Kalb vormacht, seine Stellung bei Hof sei gefährdet. Von Kalb ist sich seiner Bedeutungslosigkeit bewusst und erkennt, dass er aus Angst um seine Stellung, „sich (bewusst oder unbewusst) zum Steigbügelhalter und Werkzeug der Mächtigen"[32] machen muss, was nicht immer ungefährlich für ihn ist. Der Hofmarschall kann zwar Ferdinand geschickt den falschen Liebesbrief zuspielen; als Ferdinand ihn aber unter Druck setzt, verrät er die Intrige. Ferdinand ist jedoch so in seinem Eifersuchtswahn gefangen, dass er das Geständnis von Kalbs nicht wahrnimmt und falsch deutet (vgl. IV, 3). Von Kalb hat auch Angst, den Abschiedsbrief von Lady Milford an den Herzog weiterzugeben. Er befürchtet, als Überbringer der schlechten Nachricht in Ungnade zu fallen.

Willkommenes Werkzeug für Intrigen

Lady Milford

Lady Milford ist die Mätresse des Herzogs. Das Bild der prunk- und machtsüchtigen Lebedame, das auch Ferdinand von ihr hat, wird bei ihrem ersten Auftritt zerstört (vgl. II, 1). Die Lady fühlt sich vom intriganten, oberflächlichen Hofleben immer mehr abgestoßen. Sie sehnt sich nach wahrer Liebe und hat sich in Ferdinand verliebt, weil er am Hof als Einziger seine moralische Integrität zu wahren wusste. Sie verdankt ihren Reichtum zwar dem Herzog und seiner Ausbeutung der Bevölkerung, aber sie hat stets versucht, durch ihren mäßigenden Einfluss auf den Herzog die Bevölkerung vor übertriebener Ausbeutung zu bewahren. Umso entsetzter ist sie, als Ferdinand ihr seine Verachtung zeigt. Sie sieht sich daher gezwungen, ihm ihre Lebensgeschichte zu offenbaren und ihren Weg zur Mätresse zu rechtfertigen.

Auf der Suche nach wahrer Liebe

---

32 Vgl. www.wikipedia.org/wiki/Kabale_und_Liebe (Stand Juni 2011)

3.4 Personenkonstellation und Charakteristiken

Allerdings ist Lady Milford immer noch stark im höfischen Denken verfangen. Als Ferdinand ihr gesteht, eine andere zu lieben, ist sie nicht bereit, auf ihn zu verzichten; vielmehr droht sie ihm, alle Mittel einzusetzen, um ihn für sich zu gewinnen. Hauptgrund ist ihre Furcht vor dem hämischen Gespött des Hofes.

Wandel nach Begegnung mit Luise

Wie sehr sie (noch) auf die Macht von Reichtum und Prunk baut, zeigt sich bei ihrem Empfang von Luise (vgl. IV, 6 und 7). Sie gibt sich Luise gegenüber herablassend und demonstriert ihre Macht. So will sie Luise einschüchtern und erniedrigen. Luise lässt sich aber von diesen Äußerlichkeiten nicht beeindrucken und zeigt sich ihr moralisch überlegen. Dadurch bricht die Fassade der Lady zusammen; sie wird sich ihrer eigenen Tugend bewusst. Jetzt gelingt es ihr, sich vom Hof loszusagen. Sie verteilt ihr Vermögen unter ihren Bediensteten und verlässt das Land.

Damit ist Lady Milford die einzige Figur das Stücks, der es gelingt, ihre moralische Selbstbestimmung zu realisieren und sich zu emanzipieren.

Herr Miller

Bürgerliches Familienoberhaupt

Der Stadtmusiker Miller, Luises Vater, repräsentiert den bürgerlichen Familienvater. Gutmütig polternd dominiert er seinen Haushalt. Besonders seiner Frau gegenüber zeigt er sich als patriarchalischer Hausherr, der sie, manchmal schon auf recht drastische Weise, zurechtweist. Keinesfalls betrachtet er sie als gleichberechtigte (Gesprächs-)Partnerin.

Ablehnung der Liebe seiner Tochter zu Ferdinand

Mit seiner Tochter Luise verbindet ihn eine zärtliche Liebe, die ihn allerdings nicht davon abhält, sie in seinem Sinne zu lenken. Zwar gesteht er ihr die freie Wahl ihres Ehemanns zu; dieser muss aber aus dem bürgerlichen Umfeld stammen. Eine die Standesgrenzen sprengende Beziehung lehnt er ab. So hat er kein Verständnis für Luises Liebe zu Ferdinand.

3.4 Personenkonstellation und Charakteristiken

So eingeengt Ferdinand durch die höfischen Zwänge ist, so normiert ist Luises Leben durch die rigiden, bürgerlichen Vorstellungen von „sexueller ‚Reinheit', Gehorsam gegenüber dem Vater und Befolgung der religiösen Gebote."[33] Vater Miller fordert diese Normen von seiner Tochter ein und blockiert damit ihre Emanzipationsversuche. Wie stark dieser väterliche Einfluss ist, zeigt sich u. a. daran, dass Luise aus Sorge um ihren Vater nicht ohne ihn mit Ferdinand fliehen will (vgl. III, 4). Auch gelingt es Miller, Luise schließlich durch den Verweis auf den Kummer, den sie ihm mit ihrem Selbstmord bereiten würde, von der Tat abzuhalten (vgl. V, 1). Miller hat allerdings kein Gespür dafür, wie verzweifelt Luise ist, und dass sie an ihrem Kummer innerlich zerbricht.

Miller bringt zwar den Mut auf, sich auf die Seite seiner Tochter und gegen den Präsidenten zu stellen, ihm in bürgerlichem Tugendstolz die moralische Verworfenheit des Hofes vorzuwerfen und ihn seiner Wohnung zu verweisen, aber er beschwört damit die Rache des Präsidenten herauf, die schließlich zur vernichtenden Kabale gegen Luise führt.

Als Ferdinand Miller eine große Summe Geldes, angeblich für die Musikstunden, anbietet, will Miller den wahren Grund für das Geschenk nicht erkennen; vielmehr gerät er völlig aus der Fassung. Seine unterdrückten Wünsche nach sozialem Prestige kommen zum Vorschein (vgl. V, 5). Am Ende des Stücks, als Miller vor der Lei-

Lisa Hagmeister als Lady Milford in einer Aufführung des Deutschen Theaters Berlin (2010)
© Cinetext/CP

Millers Scheitern

---

33 Sautermeister, S. 934.

3.4 Personenkonstellation und Charakteristiken

che seiner Tochter steht, muss er erkennen, dass „sein väterlicher Autoritätsanspruch gescheitert ist."[34]

Frau Miller

Frau Miller, Luises Mutter, ist geschmeichelt durch die Werbung Ferdinands um ihre Tochter. Sie erhofft sich den sozialen Aufstieg für sie. Heimlich begünstigt sie daher diese Beziehung und macht sich dadurch in den Augen ihres Mannes zur Kupplerin (vgl. I, 1).

Von ihrem Mann wird sie unterdrückt; auch dem Präsidenten gegenüber zeigt sie ängstlich-unterwürfiges Untertanenverhalten (vgl. II, 6 und 7). Sie ist naiv-unvorsichtig und verrät in ihrem einfältigen Stolz dem abgewiesenen, eifersüchtigen Sekretär Wurm Luises Beziehung zu Ferdinand. Ihr falscher Fremdwortgebrauch zeigt ihre Beschränktheit, aber auch den Wunsch, als „etwas Besseres" zu erscheinen.

Sekretär Wurm

Wurm hat sich aus dem Bürgertum an den Hof emporgearbeitet.

Der Sekretär Wurm kann in der bürgerlichen Welt und in der Welt des Hofes agieren. Von Geburt dem Bürgertum zugehörend, hat er sich am Hof bis zum Sekretär des Präsidenten emporgearbeitet. Dabei ist er nicht nur bloßer Angestellter geblieben, sondern der Vertraute des Präsidenten geworden und auch an dessen Verbrechen beteiligt.

Geschickter Intrigant, der sich zum Schluss aber verrechnet hat.

Seine Vertrautheit mit der bürgerlichen Welt und ihren Wertvorstellungen sowie mit den Spielregeln des Hofes befähigt Wurm, nach dem Scheitern der ersten Intrige des Präsidenten eine erfolgreiche Kabale zu inszenieren. Er sieht Ferdinands Eifersuchtsreaktion richtig vorher und kennt auch Luises Liebe zu ihren Eltern und ihre moralische Gebundenheit an einen Schwur. So kann

---

34 Nordmann, S. 69.

3.4 Personenkonstellation und Charakteristiken

er die Kabale gegen die Beziehung von Luise und Ferdinand präzise planen. Allerdings hat sich Wurm in der endgültigen Konsequenz Ferdinands verrechnet. Sein Selbstmord und die Ermordung Luises waren von ihm nicht eingeplant. Vielmehr hat Wurm die Intrige auch inszeniert, um Luise für sich zu gewinnen. Sollte seine Intrige erfolgreich und Luises Ruf zerstört sein, so wäre das Heiratsangebot Wurms für Luise die einzige Möglichkeit, ihre Schande zu verlieren. So ist das Hauptmotiv für die Kabale für Wurm seine unglückliche Liebe zu Luise. Ursprünglich war Luise ihm versprochen (vgl. I, 2); er hatte sich Hoffnungen auf eine Heirat mit ihr gemacht.

3.5 Sachliche und sprachliche Erläuterungen

3.5 Sachliche und sprachliche Erläuterungen

Die folgenden Anmerkungen dienen als Ergänzung zu den ausführlichen Erläuterungen in den zitierten Textausgaben von *Kabale und Liebe*.

Akt I

1. Szene

HL S. 3, v. Z 1 R S. 5, Z. 4	**Violoncell**	Kniegeige, Violoncello
HL S. 3, Z. 2 R S. 5, Z. 9	**Baron**	Landadliger, Freiherr
HL S. 3, Z. 3 R S. 5, Z. 9	**Ins Geschrei**	schlechter Ruf
	Verruf	in schlechten Ruf bringen
HL S. 3, Z. 14 R S. 5, Z. 22	**Possen**	dummes Zeug, Unfug
HL S. 3, Z. 16 R S. 5, Z. 24	**Profession**	Beruf, Gewerbe
HL S. 3, Z. 18 f. R S. 5, Z. 27	**Kommerz**	Handel
HL S. 3, Z. 32 R S. 6, Z. 9 f.	**Windfuß**	leichtsinniges, unbekümmertes Wesen
HL S. 4, Z. 6 R S. 6, Z. 17	**alle Segel dran**	Bild aus dem Seekrieg: Alle Segel werden gesetzt, um so schnell wie möglich an den Feind zu kommen.
HL S. 4, Z. 15 R S. 6, Z. 26 f.	**Boten gehen lassen**	einen Auftrag überbringen
HL S. 4, Z. 19 R S. 6, Z. 31	**Kuppler**	Person, die (fremde) Unzucht vermittelt oder fördert.

3.5 Sachliche und sprachliche Erläuterungen

HL S. 4, Z. 25 f. R S. 7, Z. 2	**Pestilenzküche**	Ort, von dem sich ein schlimmes Übel schleichend ausbreitet.
HL S. 4, Z. 27 R S. 7, Z. 3	**Quark**	hier: wertloses Zeug
HL S. 4, Z. 33 R S. 7, Z. 10	**Schlaraffenwelt**	Schimpfwort für Aufenthaltsort von Faulenzern und Müßiggängern
HL S. 5, Z. 1 R S. 7, Z. 22	**infam**	ehrlos
HL S. 5, Z. 13 R S. 7, Z. 36	**disguschtüren**	Verballhornung von disgustieren = den Geschmack verderben, vor den Kopf stoßen
HL S. 5, Z. 15 R S. 8, Z. 1	**Da liegt der Has im Pfeffer.**	bildlicher Ausdruck für: daran liegt es, das ist der Grund

2. Szene

HL S. 5, Z. 27 R S. 8, Z. 16	**einspricht**	einen Besuch machen, einkehren
HL S. 5, Z. 30 R S. 8, Z. 19	**je und je**	zuweilen
HL S. 7, Z. 14 R S. 10, Z. 19	**Bouteille**	frz.: Flasche
HL S. 7, Z. 40 R S. 11, Z. 14	**Hasenfuß**	Angsthase, Feigling
HL S. 8, Z. 11 R S. 11, Z. 29 f.	**Federfuchser**	verächtlich für: Schreiber
HL S. 8, Z. 16 R S. 11, Z. 35	**Schlingel**	Nichtsnutz, Tunichtgut
HL S. 8, Z. 23 R S. 12, Z. 6	**in Harnisch gebracht**	wütend gemacht
HL S. 8, Z. 25 R S. 12, Z. 8	**Gerätsch**	Geschwätz

3.5 Sachliche und sprachliche Erläuterungen

3. Szene

HL S. 9, Z. 14 R S. 13, Z. 5	**am feinsten**	am schönsten
HL S. 9, Z. 18 R S. 13, Z. 9	**gottlosen Lesen**	abwertend für: Lesen von Unterhaltungs-/Liebesromanen
HL S. 9, Z. 38 R S. 13, Z. 32	**Pulse**	Pulsschläge
HL S. 10, Z. 15 R S. 14, Z. 18	**wohlfeil**	günstig, preiswert

4. Szene

HL S. 11, Z. 28 R S. 16, Z. 11	**Ahndung**	Ahnung
HL S. 11, Z. 31 R S. 16, Z. 14	**Adelsbrief**	Urkunde, in der meist der Kaiser den Adelsstand oder die Erhebung in den Adelsstand bestätigte.
HL S. 11, Z. 40 R S. 16, Z. 24	**für Treppen**	als Treppen
HL S. 12, Z. 4 R S. 16, Z. 32 f.	**auffassen**	auffangen

5. Szene

HL S. 12, Z. 34 R S. 17, Z. 33	**Figur machen würde**	sich sehen lassen können
HL S. 13, Z. 10 R S. 18, Z. 11	**Farce**	albernes, derb-komisches Spiel
HL S. 13, Z. 26 R S. 18, Z. 28	**mitprellen**	um etwas betrügen
HL S. 13, Z. 42 R S. 19, Z. 11	**Kabinett**	hier: Beraterkreis des Fürsten, Ministerrat
HL S. 14, Z. 5 R S. 19, Z. 18	**Partie**	hier: Heiratskandidaten

3.5 Sachliche und sprachliche Erläuterungen

6. Szene

HL S. 15, Z. 29 R S. 21, Z. 29	fingieren	hier: vortäuschen
HL S. 16, Z. 16 R S. 22, Z. 13	präparieren	vorbereiten

7. Szene

HL S. 16, Z. 36 R S. 23, Z. 5	in meine Entwürfe zu spielen	sich meinen Plänen fügen, in meinen Plänen eine Rolle spielen
HL S. 17, Z. 9 R S. 23, Z. 16	Messer	hier bildlich für: die böse Tat
HL S. 18, Z. 14 R S. 24, Z. 33	exerzieren	üben, bilden
HL S. 19, Z. 4 R S. 25, Z. 32	Mitgift	Besitz, den die Braut in die Ehe mitbringt.

Akt II

1. Szene

HL S. 21, Z. v. 1 R S. 28, Z. 5	Negligé	nicht formelle Kleidung, Damennachthemd
HL S. 21, Z. v. 1 R S. 28, Z. 6	phantasieren	ohne Notenvorlage sich ganz der Stimmung hingebend auf einem Instrument spielen
HL S. 2, Z. 9 f. R S. 28, Z. 17	mich leichter reiten	so lange reiten, bis es mir leichter ums Herz wird
HL S. 21, Z. 17 R S. 28, Z. 25	Demant	veralteter Ausdruck für: Diamant
HL S. 21, Z. 22 R S. 28, Z. 31	Filet	feine Knüpfarbeit

3.5 Sachliche und sprachliche Erläuterungen

HL S. 21, Z. 24 R S. 28, Z. 32	Sackuhren	Taschenuhren
HL S. 22, Z. 8 R S. 29, Z. 17 f.	jeden Gelust	jeden ausgefallenen Wunsch
HL S. 22, Z. 9 R S. 29, Z. 19	Saft von zwei Indien	Saft aus den kostbarsten Früchten von Ost- und Westindien
HL S. 22, Z. 16 R S. 29, Z. 27	Vollauf	Überfluss
HL S. 22, Z. 27 R S. 30, Z. 3 f.	von meinem Ehrgeiz erhalten können	wenn es mein Ehrgeiz erlauben würde
HL S. 22, Z. 42 R S. 30, Z. 21	Flattersinn	Unbeständigkeit
HL S. 23, Z. 21 R S. 31, Z. 11	hofschlaue	mit den Intrigen des Hofes vertraut

2. Szene

HL S. 24, Z. 25 R S. 32, Z. 25	Bärenhatz	Bärenjagd

3. Szene

HL S. 27, Z. 14 R S. 36, Z. 9	Hermelin	Weißer Pelz des großen Wiesels; er wurde wegen seiner Seltenheit gern als besonders kostbarer Besatz für den Mantel von Herrschern verwendet; hier: Symbol für die Prachtentfaltung als Ausdruck der Macht.
HL S. 27, Z. 17 R S. 36, Z. 12	Degenquaste	Silberne oder goldene Quaste am Riemenwerk, mit dem der Offiziersdegen befestigt war; Symbol für die Offiziersehre.
HL S. 27, Z. 35 R S. 36, Z. 33	freiestes Volk	Die Demokratie war in England am weitesten entwickelt.

3.5 Sachliche und sprachliche Erläuterungen

HL S. 28, Z. 5 R S. 37, Z. 10	Pressung	brutale Abgabeneintreibung
HL S. 28, Z. 32 R S. 38, Z. 5 f.	Wärterin	Kinderfrau, Erzieherin
HL S. 29, Z. 3 R S. 38, Z. 21	Herzog nach Hamburg	1781 war Herzog Karl Eugen in Hamburg; er hatte auch englische Mätressen.
HL S. 29, Z. 38 R S. 39, Z. 24	tändelten	spielten sorglos herum

4. Szene

HL S. 32, Z. 29 R S. 43, Z. 18	Jetzt hab ich's blank!	Jetzt ist es mir klar.
HL S. 32, Z. 31 R S. 43, Z. 20	rekommendiert	frz.: empfohlen
HL S. 33, Z. 17 R S. 44, Z. 6	angeben	Anzeigen, dass seine Tochter ein Verhältnis mit einem Adligen hat.
HL S. 34, Z. 16 f. R S. 45, Z. 14	brechenden Auge	Das Auge verliert im Augenblick der Ohnmacht oder des Todes seinen klaren Blick.
HL S. 35, Z. 4 R S. 46, Z. 10	Insektenseelen	verachtenswerte, unwerte Geschöpfe (Seelen)

7. Szene

HL S. 39, Z. 39 R S. 52, Z. 13	wenn deine Klinge auch spitzig ist	wenn du nicht nur drohen, sondern auch zustechen kannst

Akt III

1. Szene

HL S. 41, Z. 14 R S. 53, Z. 18	bunt	hier: wirr, unsinnig

3.5 Sachliche und sprachliche Erläuterungen

HL S. 43, Z. 23 R S. 56, Z. 9	**Nadelöhr**	Anspielung auf Mt. 19, 24; hier: das Unmögliche möglich machen.
HL S. 44, Z. 26 R S. 57, Z. 24	**bestechen**	hier: überzeugen, für sich einnehmen

2. Szene

HL S. 45, Z. 24 f. R S. 59, Z. 2 f.	**Fortune**	frz.: Glück
HL S. 45, Z. 27 R S. 59, Z. 6	**mon Dieu**	frz.: mein Gott
HL S. 46, Z. 2 R S. 59, Z. 21	**Oberschenk**	Oberster Mundschenk; Hofbeamter, der für die Getränke zuständig ist.

5. Szene

HL S. 51, Z. 24 R S. 66, Z. 28	**Odem**	Atem

6. Szene

HL S. 53, Z. 30 R S. 69, Z. 9	**Eisen**	Messer
HL S. 53, Z. 34 R S. 69, Z. 14	**an dich hältst**	verschweigst

Akt IV

2. Szene

HL S. 58, Z. 23 R S. 76, Z. 5	**schwebenden Lauts**	kaum hörbar, leise

3. Szene

HL S. 60, Z. 26 R S. 78, Z. 8	**Schlag an!**	Bring die Pistole in Anschlag!

3.5 Sachliche und sprachliche Erläuterungen

HL S. 60, Z. 39 f. R S. 78, Z. 23	**Geheul der Verdammten**	in der Hölle
HL S. 61, Z. 38 f. R S. 79, Z. 33 f.	**die Tugend mit der Wollust verfälschen**	Der Wollust den Anschein der Tugend geben.

6. Szene

HL S. 64, Z. 35 S. 83, Z. 25 f.	**Luchsaugen**	besonders scharfsichtige Augen

7. Szene

HL S. 66, Z. 1 R S. 84, Z. 31	**geschraubt**	gekünstelt, geziert
HL S. 67, Z. 7 R S. 86, Z. 14	**Manieren und Welt**	Formen des guten Benehmens und die Fähigkeit, sich in der Welt der gehobenen Gesellschaft zu bewegen.
HL S. 67, Z. 10 R S. 86, Z. 18	**läppischer Einwurf**	dumme Bemerkung
HL S. 67, Z. 17 R S. 86, Z. 25	**Freistätten der frechsten Ergötzlichkeit**	Orte, wo ungestraft den größten Ausschweifungen nachgegangen wird.
HL S. 67, Z. 39 R S. 87, Z. 13	**Maximen**	Grundsätze
HL S. 67, Z. 43 R S. 87, Z. 18	**Fersenstoß**	Fußtritt

9. Szene

HL S. 71, Z. 20 R S. 92, Z. 2	**Drahtpuppe**	Marionette
HL S. 72, Z. 3 R S. 92, Z. 22	**Sand streut**	Zum Trocknen der Tinte wurde früher feiner Sand über das frisch beschriebene Papier gestreut.
HL S. 72, Z. 4 R S. 92, Z. 23	**schwarzer Undank**	größter Undank

3.5 Sachliche und sprachliche Erläuterungen

HL S. 72, Z. 23 R S. 93, Z. 7	vakant	frei, unbesetzt
HL S. 73, Z. 20 f. R S. 94, Z. 16	Schatulle	Schatz- oder Schmuckkästchen

Akt V

1. Szene

HL S. 75, Z. 16 R S. 96, Z. 28	Ich erbreche den Brief.	Ich breche das Siegel des Briefs auf.

2. Szene

HL S. 79, Z. 38 R S. 103, Z. 32	Witz	Verstand

4. Szene

HL S. 83, Z. 20 R S. 107, Z. 8	unüberschwengliche	von keinem Gefühl zu übertreffen
HL S. 83, Z. 28 R S. 107, Z. 17	Puppen	wertloses Spielzeug

5. Szene

HL S. 85, Z. 16 R S. 109, Z. 3	Halbnarr	nach dem Grimmschen Wörterbuch: milde Schelte für einen dummen Menschen
HL S. 85, Z. 39 R S. 110, Z. 1	schießt	eilt schnell

7. Szene

HL S. 88, Z. 30 R S. 113, Z. 16	Wettlauf	von einem Liebesverhältnis zum anderen
HL S. 92, Z. 5 f. R S. 117, Z. 35	Gott, vergiss es ihm.	Gott, vergib es ihm.

3.5 Sachliche und sprachliche Erläuterungen

HL S. 92, Z. 25 R S. 118, Z. 20	**hingewurzelt**	festgewurzelt
HL S. 92, Z. 30 R S. 118, Z. 26	**emporgeworfen**	aufgerichtet

Letzte Szene

HL S. 95, Z. 4 R S. 121, Z. 27	**brechender**	erlöschender
HL S. 95, Z. 13 R S. 122, Z. 2	**Geschöpf und Schöpfer**	Mensch und Gott
HL S. 95, Z. 17 R S. 122, Z. 6	**Jetzt euer Gefangener!**	Der Präsident übergibt sich selbst der Gerichtsbarkeit.

3.6 Stil und Sprache

ZUSAMMENFASSUNG

Schiller verwendet geschickt verschiedene Sprach- und Stilebenen. Er charakterisiert die Figuren durch die Sprache und ordnet sie so ihren jeweiligen Welten zu.

Kritiker bemängeln den Sprachstil in *Kabale und Liebe*.

Schillers Sprache in *Kabale und Liebe* wirkt auf uns heute übertrieben pathetisch und ungewohnt fremd. Bereits seine frühen Kritiker stießen sich an Schillers Stil. Schon kurz nach der Uraufführung kritisiert der Schriftsteller Karl Philipp Moritz Schillers Sprache im Stück als „unsinnig" und „abgeschmackt"; er bemängelt ihre Uneinheitlichkeit sowie ihr Pathos.[35] Auch spätere Kritiker konnten Schillers Sprache in *Kabale und Liebe* wenig Positives abgewinnen.[36]

Zuordnung der Personen zu ihrer sozialen Gruppe durch die Sprache

Untersucht man die Sprache im Stück jedoch genauer, so erkennt man, dass Schiller durch die Verwendung verschiedener Sprachebenen und den geschickten Einsatz unterschiedlicher Stilmittel die einzelnen Figuren sprachlich charakterisiert und sie so ihren jeweiligen Welten bzw. sozialen Gruppen zuordnet.

Betrachtet man jedoch die psychologische Wahrscheinlichkeit des Sprachgebrauchs und der Sprachkompetenz der Figuren, so stellt man schnell fest, dass es Schiller kaum darauf ankam und er sich daher wenig darum kümmerte. Vielmehr versuchte er, „durch Sprache eine eigene Welt zu schaffen, in der es eigene Gesetze gibt, die sprachlich nicht mit der Wirklichkeit und psychischen Prozessen

---

[35] Vgl. Karl Philipp Moritz' Rezension zu *Kabale und Liebe*. In: *Königlich privilegirte Berlinische Staats- und gelehrte Zeitung* vom 6. September 1784.
[36] Vgl. die Kritiken bei Schafarschik, S. 113 ff.

3.6 Stil und Sprache

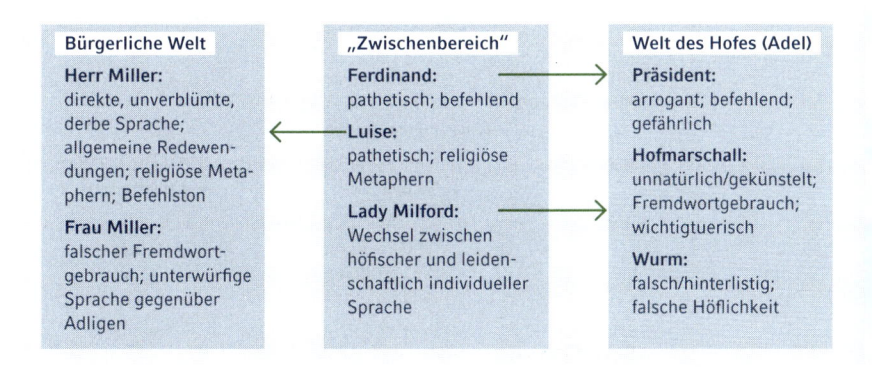

Bürgerliche Welt	„Zwischenbereich"	Welt des Hofes (Adel)
Herr Miller: direkte, unverblümte, derbe Sprache; allgemeine Redewendungen; religiöse Metaphern; Befehlston **Frau Miller:** falscher Fremdwortgebrauch; unterwürfige Sprache gegenüber Adligen	**Ferdinand:** pathetisch; befehlend **Luise:** pathetisch; religiöse Metaphern **Lady Milford:** Wechsel zwischen höfischer und leidenschaftlich individueller Sprache	**Präsident:** arrogant; befehlend; gefährlich **Hofmarschall:** unnatürlich/gekünstelt; Fremdwortgebrauch; wichtigtuerisch **Wurm:** falsch/hinterlistig; falsche Höflichkeit

übereinstimmen muss."[37] Wolfgang Binder kommt bei der Analyse von Schillers Sprache zu folgendem Ergebnis:

> „Schillers Sprachgebung dient verschiedenen, aber nicht immer vereinigten Zwecken. Sie charakterisiert die Sprecher, sie interpretiert objektive Sachverhalte und sie weist auf metaphysische Bedeutungen jenseits von Psychologie und Faktizität zurück."[38]

Im Folgenden werden einige Sprach- und Stilmittel, die Schiller in *Kabale und Liebe* verwendet, in Auswahl kurz vorgestellt.[39]

---

37 Müller, S. 45.
38 Binder, S. 256.
39 Vgl. hierzu u. a. Müller, S. 44–47; Nordmann, S. 96 ff.; Schäfer, S. 26 f.; Zimmer, S. 36–44.

3.6 Stil und Sprache

SPRACHLICHE MITTEL/STIL	ERKLÄRUNG	TEXTBELEG
ausführliche Regieanweisungen	Verdeutlichung der inneren Einstellung der Figuren	I, 2; I, 4; V, 7
Figurenrede	Figuren verbalisieren ihre Gefühle.	II, 3 (Lady Milford); V, 4 (Ferdinand)
Pathos	Absichtlich kunstvoll gesteigerte Sprache; dient zur Verstärkung der Darstellung von Gefühlen.	I, 7, IV, 2 (Ferdinand); III, 4 (Luise)
Sprache der Empfindsamkeit	Verstärkung der Gefühle (oft der Liebe)	I, 4 (Ferdinand); II, 3 (Lady Milford)
Fremdwortgebrauch	Soll Bildung und Vornehmheit demonstrieren.	I, 2 (Frau Miller); III, 2 (Hofmarschall)
Sprichwörter/ Lebensweisheiten	Soll Lebenserfahrung und Bekräftigung der eigenen Meinung demonstrieren.	V, 1 (Herr Miller)
Ironie	Demonstration der eigenen Überlegenheit	II, 6 (Herr Miller); V, 7 (Ferdinand)
Zynismus	Folge von Resignation	IV, 7 (Luise); V, 2 und V, 7 (Ferdinand)
Phrasen	nichtssagende Worthülsen	III, 2 (Hofmarschall)
Tiermetaphorik	Herabsetzung des so Benannten	III, 4; V, 4; V, 5
religiöse/biblische Begriffe	Wissen um eine übermenschlich-höhere Instanz	III, 6; IV, 3;
niedere Umgangssprache	Charakterisierung ihres Sprechers; Zuordnung zum Kleinbürgertum	I, 1; I, 2 (Herr Miller)

3.7 Interpretationsansätze

3.7 Interpretationsansätze

ZUSAMMEN-
FASSUNG

Friedrich Schiller
- → kritisiert Despotismus in Staat und Familie (*Kabale und Liebe* als sozialkritisches Stück);
- → zeigt das Scheitern einer Liebesgeschichte (Liebesdrama);
- → schildert die Problematik der Selbstfindung angesichts familiärer, gesellschaftlicher und religiöser Bindungen (Selbstfindungsdrama).

Kabale und Liebe als sozialkritisches Stück

Vor allem die marxistisch-sozialistische Literaturwissenschaft betonte den sozialkritischen Aspekt von *Kabale und Liebe*. Auch wenn man Franz Mehrings Auffassung, dass *Kabale und Liebe* „ das revolutionärste Drama unserer klassischen Literatur"[40] sei, nicht teilt, fällt doch auf, dass Schiller in diesem Stück heftige Kritik an den unmoralischen und despotischen Zuständen vieler Kleinfürstentümer seiner Zeit übt:

> „So hatte bisher noch niemand mit scharfem Realismus die korrupten Zustände und die im System liegende Skrupellosigkeit, welche menschliche Gefühle zerstört, dramatisch dargestellt."[41]

In der berühmten „Kammerdienerszene" (II, 2) zeigt Schiller deutlich die Verschwendungssucht der damaligen Herrscher und ihren

Verschwendungssucht des Adels

---
40 Zitiert nach *Die Volksbühne*, Februar 1894.
41 Nordmann, S. 21.

3.7 Interpretationsansätze

Umgang mit ihren Untertanen: Um das übertrieben wertvolle Geschenk an seine Mätresse finanzieren zu können, verkauft der Herzog seine Untertanen gegen ihren Willen als Soldaten nach Amerika.

Anprangern der Skrupellosigkeit

Nicht nur der Herzog, auch der ihn umgebende Hofadel wird von Schiller negativ dargestellt. Präsident von Walter ging im wahrsten Sinn des Wortes über Leichen, um seine Machtposition zu erlangen; sogar seinen Sohn benutzt er skrupellos, um seinen Einfluss beim Herzog zu erhalten bzw. zu erweitern (vgl. I, 5). Eheverbindungen sind für ihn nur da, um politische Vorteile zu erlangen; sexuelle Befriedigung kann man als Adliger ohne Verpflichtungen bei Bürgermädchen finden (vgl. I, 5). Daher hat er auch für die Liebe seines Sohnes zu Luise kein Verständnis (vgl. I, 5). Standesstolz und Standesschranken verbieten ein „Herabsinken" auf die Stufe des Bürgertums. Für den Präsidenten ist Luise so auch keine ernsthafte Partie für seinen Sohn, sondern nur eine „Bürgerkanaille" (I, 5), die man benutzen kann. Gewissenlose Intrigen gehören für ihn zum politischen Alltag. Schiller zeichnet ihn als „Repräsentanten eines Adels, bei dem die wahren Werte dem sozialen Egoismus dieser gesellschaftlichen Elite zum Opfer gefallen sind."[42]

Der Hofmarschall als Kritik am äußeren Schein

Im Hofmarschall von Kalb kritisiert Schiller diejenigen Hofadligen, die nur auf äußeren Schein Wert legen, vom Charakter her aber nur oberflächlich-dumme, willfährige Marionetten sind, alberne Hofschranzen, die ansonsten bedeutungslos sind (vgl. III, 2). Die eitle Dummheit und besonders die Standesarroganz dieser Höflinge zeigen sich in von Kalbs Beurteilung des Verhältnisses von Ferdinand und Luise. Er fühlt sich dem Bürgertum so überlegen, dass für ihn ein Verhältnis mit einer Bürgerlichen nicht vorstellbar ist (vgl. III, 2).

---

42 Völkl, *Friedrich Schiller: Kabale und Liebe*, S. 45.

3.7 Interpretationsansätze

Wie kritisch-zutreffend Schiller die Zustände an den Höfen seiner Zeit (wohl auch basierend auf eigenen Erfahrungen, vgl. die Abschnitte 2.2 und 3.1) in *Kabale und Liebe* geschildert hat, zeigte sich an der Reaktion der Mächtigen: In Stuttgart und Wien wurde die Aufführung des Stücks vom jeweiligen Hof verboten.

Aufführungsverbot in Stuttgart und Wien

Das Scheitern einer Liebesgeschichte

Als Gegenposition zum verdorbenen Adel zeichnet Schiller das Bürgertum am Beispiel der Familie des Stadtmusikers Miller. Vordergründig ist Miller der „biedere, grundehrliche Bürgersmann"[43], der aus einem fest gefügten christlichen Glauben heraus sich dem Adel moralisch überlegen fühlt und sich auch nicht scheut, moralisches Verhalten vom Adel einzufordern (vgl. II, 5). Aus seinem Standesstolz erwächst auch der Mut, seine häusliche Souveränität sogar gegenüber dem Präsidenten zu wahren: Er wagt es, ihn aus seiner Wohnung zu weisen (vgl. II, 6).

Die bürgerliche Idylle der Familie Miller erweist sich jedoch als brüchig. Nicht nur, dass der moralisch so integre Miller ganz närrisch auf das Geldgeschenk Ferdinands reagiert und vom Durchbrechen seiner Standesgrenzen träumt (vgl. V, 5), auch die Liebe zu seiner Tochter ist ambivalent:

Brüchige Bürgeridylle

„In *Kabale und Liebe* erweist sich mit dem Satz Luises ‚O mein Vater! – Dass die Zärtlichkeit noch barbarischer zwingt, als Tyrannenwut!' die Familienidylle unnachsichtig als Illusion. Mag Miller ihn auch missverstehen und sich einbilden, sein Wort bedeute der Tochter mehr als die Bedrohung durch die Staatsmacht, entscheidend ist, dass Luise selbst die ‚Zärtlichkeit' des Vaters als ‚barbarischen' Zwang erfährt. Die wohlmeinende Er-

---
43 Ebd., S. 45.

3.7 Interpretationsansätze

pressung, die Erpressung bleibt, die ‚abgöttische' Liebe für die Tochter, die gewaltsam wird – in solchen Zügen verhandelt das Drama neben der Unmoral des Adels auch die Dialektik bürgerlicher Moral."[44]

Gründe für das Scheitern der Liebesgeschichte

Vor diesem sozialen Hintergrund spielt sich die Liebesgeschichte zwischen der bürgerlichen Musikertochter Luise und dem adligen Major Ferdinand von Walter ab. Standesunterschiede und Hofintrigen führen zum tragischen Scheitern dieser Liebe. *Kabale und Liebe*: Der Titel des Stücks gibt das Deutungsraster scheinbar schon vor. Natürlich scheitert die Liebe zwischen Luise und Ferdinand an den gesellschaftlichen Schranken, an die sie stößt und gegen die sie verstößt, natürlich scheitert sie am „Despotismus der Herrschenden", aber sie scheitert auch an den beiden Liebenden selbst: „Kein Liebespaar der Weltliteratur redet so viel von Liebe wie Schillers Ferdinand und Luise in ‚Kabale und Liebe', keines auch ver-redet die Liebe so."[45]

Unterschiedliche Auffassungen von Liebe

Schon beim ersten Auftreten von Luise und Ferdinand (vgl. I, 3 und I, 4) zeigt sich die innere Problematik ihrer Liebe. Jeder von beiden ist zwar von der Liebe zum anderen erfüllt, aber beide haben unterschiedliche Auffassungen von ihrer Realisierung. Während Luise die Problematik des Standesunterschieds sieht und fürchtet und die Erfüllung ihrer Liebe ins Jenseits verlegt, idealisiert und verabsolutiert Ferdinand ihre Liebe (vgl. III, 4). So ist Luise bereit, Ferdinand auf dieser Welt zu entsagen, während Ferdinand in eigener Selbstüberschätzung davon schwärmt, dass ihre Liebe alle Widerstände besiegt. In seiner schon fast pathologischen Verabsolutierung ih-

---

[44] Janz: *Schillers Kabale und Liebe als bürgerliches Trauerspiel*; zitiert nach Große, Kommentar, S. 154.
[45] Stadelmaier, *Übers Eis gleiten: Wie gemalt*.

3.7 Interpretationsansätze

rer Liebe ist Ferdinand weniger in seine Geliebte als in die Liebe selbst verliebt. So ist von Beginn an kein „wahres Verständnis"[46] zwischen Luise und Ferdinand vorhanden.

> „Ferdinand liebt Luise um des Ideals, nicht um des Gegenstands willen. Er liebt sein Ideal von der Liebe. Gleichklang der Herzen über Standesgrenzen hinweg. Sie umfasst ‚alles'. Daraus erklärt sich auch Ferdinands Blindheit für die konkreten Lebensbedingungen Luises."[47]

So leben beide ihre Liebe nur in ihren Idealvorstellungen, nur außerhalb ihrer realen sozialen Verhältnisse. Aber:

> „(…) nicht die Standesgrenzen lassen ihre Liebe scheitern, sondern diese Liebe findet keinen sozialen Ort, sie bleibt Utopie im wahrsten Sinne des Wortes – sie bleibt ortlos: ‚Die Suche nach dem ‚dritten Ort' führt ins Nichtbewohnbare; am Ende ist er nur noch vorstellbar als Grab'."[48]

Wie schwach, trotz aller gegenteiligen Behauptungen Ferdinands und Luises Liebe letztendlich aber nur ist, zeigt sich in ihrer Resistenz gegenüber der höfischen Intrige. Schon eine geschickt inszenierte Kabale ist in der Lage, sie zu zerbrechen. So kann man Peter Steins Fazit zustimmen, der anlässlich seiner Bremer Inszenierung des Stücks 1967 feststellte:

Eine zerbrechliche Liebe

> „In ‚Kabale und Liebe' ist das Traurigste die Liebe. Liebe, die – aus was für Gründen immer, wahrscheinlich aus einem ver-

---
46 Schäfer, S. 56.
47 Nordmann, S. 75.
48 Große, S. 157.

3.7 Interpretationsansätze

quälten Absolutheitswahn – nicht mehr eins ist mit sich, in Zweifel und Verdächtige auseinanderfiel, die ein gefährliches Prüfspiel geworden ist."[49]

Die Problematik der Selbstfindung

Kabale und Liebe behandelt neben Gesellschaftskritik und Liebesgeschichte auch die Problematik der Selbstfindung. Luise und besonders Ferdinand versuchen sich in und mit ihrer Liebe zu individualisieren. Besonders deutlich wird dieser Versuch bei Ferdinand; vom verlogenen, intriganten Hofleben abgestoßen, versucht er, sich außerhalb der einengenden Standesgrenzen selbst zu verwirklichen.

„Im Gedankengut der Aufklärung fand er das Rüstzeug, das ihm erlaubte, einen geistigen und moralischen Standpunkt außerhalb der Welt seiner Herkunft einzunehmen, nicht Einfluss und Macht zu erstreben, die mit Selbsterniedrigung und Verbrechen verbunden waren, sondern persönliche Selbstverwirklichung als Lebensziel zu sehen."[50]

Ferdinand verabsolutiert die Liebe ins Utopische.

Aber die Selbstverwirklichung gelingt ihm nicht. Zu sehr ist er innerlich noch immer seiner adligen Denkweise verhaftet, zu wenig hat er einen neuen Standpunkt gefunden. Bei seinem Versuch, in seiner Liebe zu Luise eine neue Individualität zu finden, verabsolutiert er diese Liebe zu sehr ins Unrealistische. Diese Utopie der Liebe wird für Ferdinand sein neuer Standpunkt. Umso schlimmer ist für ihn die angebliche Untreue Luises. Sie macht Ferdinand hei-

---

49 Zitiert nach Strauss, in: *Theater heute*, 8, 1967, Nr. 12, S. 32.
50 Herrmann, *Musikmeister Miller, die Emanzipation der Tochter und der dritte Ort der Liebenden*, S. 240 f.

3.7 Interpretationsansätze

matlos und treibt ihn wieder in seine vorindividuelle Position des Adligen zurück.

Wie wenig er diese Position wirklich innerlich verlassen hatte, zeigt die Selbstverständlichkeit, mit der er Luise seine Sicht der Liebe aufzwingen will (vgl. vor allem II, 5). Deutlich wird dies ferner durch die Leichtgläubigkeit bezüglich Luises angeblichem Verhältnis mit Hofmarschall von Kalb. Ferdinand ist noch so in der höfischen Denk- und Vorstellungsweise verhaftet, dass ihm die Lächerlichkeit eines Verhältnisses Luises mit dem erbärmlichen Hofmarschall gar nicht in den Sinn kommt.

> Ferdinand ist zu fest im höfischen Denken verankert.

Nicht nur Ferdinands Selbstverwirklichungsversuch scheitert, auch Luise gelingt es nicht, sich zu befreien. Sie bleibt bestimmt durch ihre kleinbürgerliche, christliche Erziehung sowie durch ihre Liebe(sabhängigkeit) zu/von ihrem Vater. Selbst ihre Liebe zu Ferdinand hilft ihr nur kurzfristig, sich zu emanzipieren; letztlich lässt sie sich wieder von ihrer Erziehung fremdbestimmen. Aus Angst vor der Rache des Präsidenten und aus Liebe zu ihrem Vater entsagt sie ihrer Liebe zu Ferdinand. Das Festhalten an ihrer christlichen Erziehung hindert sie daran, Ferdinand die Intrige zu gestehen. Erst Tod und Jenseits erlösen sie von ihrer Fremdbestimmung.

> Auch Luise kann sich aus ihrer inneren Situation nicht befreien.

Scheitern Luise und Ferdinand mit ihrer Selbstverwirklichung, so gelingt es Lady Milford, sich aus der höfischen Welt zu befreien. Hatte sie bisher nur durch ihren positiven Einfluss auf den Herzog bezüglich seines Verhaltens gegenüber den Untertanen die höfische Denkweise zu durchbrechen versucht, so gelingt es ihr nach ihrer Begegnung mit Luise, sich von der höfischen Welt zu lösen. Luise hatte ihr ihren moralischen Selbstbetrug angesichts ihres höfischen Lebens klargemacht und sie zum Umdenken veranlasst (vgl. IV, 8 und 9). Im Gegensatz zu Luise und Ferdinand gelingt es Lady Milford, sich aus der fremdbestimmenden Hofgesellschaft zu lösen und zukünftig ein selbstbestimmtes Leben zu führen.

> Nur Lady Milford kann sich befreien und künftig ein selbstbestimmtes Leben führen.

KABALE UND LIEBE

4. REZEPTIONSGESCHICHTE

ZUSAMMEN-FASSUNG

Kabale und Liebe war recht erfolgreich, erreichte aber zunächst nicht die Popularität der *Räuber*. Erst ab der Zeit des Naturalismus erlangte es neue Popularität.
Während zu Beginn des 20. Jahrhunderts vor allem die Gesellschaftskritik des Stücks interessierte, steht heute das Scheitern der Liebesbeziehung im Vordergrund des Interesses.

Erfolgreiche Uraufführung und Fortsetzungen

Die Uraufführung von *Kabale und Liebe* am 13. April 1784 und die Aufführung in Mannheim vom 15. April 1784, bei der Schiller selbst anwesend war, waren große Erfolge. Weitere Aufführungen an Bühnen in ganz Deutschland folgten. Lediglich in Stuttgart und Wien wurde das Stück wegen seiner Kritik an den politischen Zuständen verboten. Auch im Ausland war das Stück recht erfolgreich. So erschienen bereits 1785 eine englische und kurz darauf eine französische Übersetzung.

Allerdings war *Kabale und Liebe* nicht so umjubelt wie Schillers erstes Stück *Die Räuber*. Das mag daran gelegen haben, dass das kleinbürgerliche Publikum lieber die unpolitischen, sentimentalen Rühr- und Familienstücke von August von Kotzebue, Otto Heinrich von Gemmingen und August Wilhelm Iffland sahen und der zeitgenössischen intellektuellen Kritik Schillers Stück zu pathetisch und theatralisch war. Bezeichnend beurteilte der Dichter Karl Philipp Moritz *Kabale und Liebe* kurz nach der Uraufführung in der „Königlich privilegirten Berlinischen Staats- und gelehrten Zeitung" als

„Produkt, was unseren Zeiten – Schande macht"[51]. Auch am Autor und dem wohlwollenden Publikum lässt er kein gutes Haar:

> „Mit welcher Stirn kann ein Mensch doch solchen Unsinn schreiben und drucken lassen, und wie muss es in dessen Kopf und Herz aussehen, der solche Geburten seines Geistes mit Wohlgefallen betrachten kann."

Moritz sieht *Kabale und Liebe* „voll ekelhafter Wiederholungen und gotteslästerlicher Ausdrücke, (...) voll krassen pöbelhaften Witzes" und unverständlichen Geschwätzes. Schließlich kommt er zu dem Gesamturteil: „So schreiben heißt Geschmack und gesunde Kritik mit Füßen treten; und darin hat denn der Verfasser diesmal sich selbst übertroffen."[52]

Bis ins 19. Jahrhundert hinein blieb *Kabale und Liebe* bei der Kritik umstritten. Das höchste, was man diesem Stück zugestehen konnte, war die Bezeichnung als Jugendsünde, es als „die Arbeit eines jungen Gefühlshelden"[53] (Clemens von Brentano) oder als jugendlich überspanntes „Tendenzstück"[54] (Jakob Burckhardt) schnell abzutun und sich dann Schillers klassischen Werken zuzuwenden.

Bis ins 19. Jahrhundert war das Stück bei den Kritikern umstritten.

Diese Sichtweise von *Kabale und Liebe* änderte sich erst mit dem Aufkommen des Naturalismus gegen Ende des 19. Jahrhunderts. Zwar lehnte der Naturalismus eigentlich jegliche pathetische Darstellung ab, aber die sozialkritischen Elemente des Stücks wurden jetzt in den Vordergrund gestellt und verhalfen ihm zu neuer Popularität. Die neue Sichtweise des Stücks spiegelte sich in den Kritiken

Im Naturalismus: Hervorheben sozialkritischer Elemente

---

51 Ebd., S. 72.
52 Zitiert nach Schafarschik, S. 113.
53 Zitiert nach ebd., S. 120.
54 Zitiert nach ebd., S. 121.

wider. Theodor Fontane lobte: „Es gibt Weniges, was von der Bühne her mächtiger wirkt. Ich hab' es nun wohl zwanzigmal gesehen, aber immer aufs Neue bin ich wie hingerissen."[55]. Otto Brahm, der Begründer des deutschen Bühnenrealismus, feierte *Kabale und Liebe* als

> „alles überragende[n] Gipfelpunkt; und wo immer eine kräftige Weltanschauung modernes Leben abzuspiegeln sucht im Licht der Szene, mag sie an diesem durch die Folge der Zeiten weithin sichtbaren Bild sich in Größe und unerschrockener Wahrheit stärken."[56]

Auch die marxistische Literaturkritik wurde jetzt auf Schillers Stück aufmerksam. So lobte Friedrich Engels *Kabale und Liebe* als das „erste deutsche politische Tendenzdrama"[57]; der marxistische Literaturkritiker Franz Mehring bezeichnete es sogar als „das revolutionärste Drama unserer klassischen Literatur."[58]

Im 20. Jahrhundert

Zu Beginn des 20. Jahrhunderts eroberte sich *Kabale und Liebe* seinen Platz auf den deutschen Bühnen zurück. Besonderen Anteil daran hatte der Berliner Regisseur und Theatermann Max Reinhardt, der sich vehement für das Stück einsetzte und es allein zwischen 1904 und 1931 fünf Mal in Berlin inszenierte.

Nationalsozialismus

Die Nationalsozialisten machten *Kabale und Liebe* zu Schillers meistgespieltem Bühnenstück. Ihre Uminterpretation von Luise zur „getretenen Volksseele, die doch kein Stiefeltritt zu beschmutzen vermag" und Ferdinand zum Symbol für „die großen schicksal-

---

55 *Vossische Zeitung*, Nr. 81.
56 Brahm, *Schiller*, Band 1, S. 325.
57 Friedrich Engels 1885 in einem Brief an die Schriftstellerin Minna Kautsky; zitiert nach Marx/Engels, *Über Literatur*, S. 82.
58 *Die Volksbühne*, Februar 1894.

haften Gegensätze", u. a. von „Volksgenossentum und Volkszersetzung" – oder gar die Hochstilisierung Schillers zum „Nationalsozialist"[59] zeigen überdeutlich die skrupellose Funktionalisierung kultureller Traditionen für totalitäre Zwecke.

Nach dem Zweiten Weltkrieg begann eine „neue, aspektreiche Auseinandersetzung"[60] mit Schillers Stück. Sah man *Kabale und Liebe* zunächst eher als „das am meisten anklagende, pessimistischste, böseste und schwärzeste Stück im gesamten dramatischen Schaffen Schillers"[61], und spiegelte diese Betrachtungsweise eher die pessimistische Weltsicht nach dem Krieg wider, so schälten sich in den folgenden Jahrzehnten vor allem zwei Sichtweisen des Stückes heraus. Einerseits stellte man ab den 60er Jahren besonders die gesellschaftskritischen Elemente des Stücks heraus: die Unterdrückung der Bürger durch den (über-)mächtigen despotischen Staat und den Ständekonflikt. In seiner umstrittenen Berliner Inszenierung des Stücks hatte Hans Hollmann 1969 den obrigkeitskritischen Ansatz bereits im Bühnenbild sichtbar gemacht. Eine überdimensionale Sitzfigur, die man unschwer auf den Herzog deuten kann, dominiert während des ganzen Stücks über Dialog und Handlung. „Es ist die greifbar gewordene Macht des Absolutismus, sie reglementiert das Leben in Schillers Stück."[62]

Einen anderen Schwerpunkt sah Peter Stein in seiner Bremer Inszenierung von 1967. Er stellte die private Liebesbeziehung und ihr Scheitern in den Vordergrund. Dieser Sichtweise folgen bis heute die meisten Inszenierungen. Sah Christof Nel in seiner Frankfurter Inszenierung von 1977 dabei vor allem die Unmöglichkeit, dass

Nach dem Zweiten Weltkrieg

---
59 Zitiert nach Fabricius, *Schiller als Kampfgenosse Hitlers*, S. 33 und 127 f.
60 Schafarschik, S. 136.
61 Skopnik, *Die Dramen Schillers auf den Bühnen der Deutschen Bundesrepublik seit 1945*, S. 206.
62 *Darmstädter Echo*, 18. November 1969.

Luise und Ferdinand ein glückliches Paar werden können[63], sehen die heutigen Inszenierungen *Kabale und Liebe* häufig primär als „psychologische Studie über das verloren gehende Gefühl der Liebe"[64] (vgl. hierzu auch das folgende Kapitel 5).

---

[63] Vgl. Schäfer, *Kabale und Liebe*, S. 40.
[64] Ebd. S. 40.

5. MATERIALIEN

Die heutigen Inszenierungen können nur noch wenig mit dem sozialkritischen Aspekt von *Kabale und Liebe* anfangen, zu fern und zu fremd erscheint uns heute die Welt des 18. Jahrhunderts mit ihren gesellschaftspolitischen Problemen. Aber auch die Versuche, die Liebesgeschichte in den Mittelpunkt zu stellen oder das Stück modern „aufzupeppen", wirken nicht immer überzeugend.

Der Versuch von Regisseur Falk Richter, *Kabale und Liebe* 2008 an der Berliner Schaubühne als modernes Liebesdrama zu inszenieren, stieß bei der Kritik auf wenig Gegenliebe. Patrick Wildermann versucht in seiner Kritik, mit einer lässig-modernen Sprache dem Tenor der Aufführung gerecht zu werden. Bewusst oder unbewusst demonstriert er aber damit die Diskrepanz der Aufführung zu Schillers Stück.

„Die Liebe als Molotow-Cocktail für Gefühlsrevoluzzer – das ist doch mal ein starkes Bild. Und Schillers Schwärmerdrama ‚Kabale und Liebe' ist voll von solchen Brandsätzen. Die empathische ist natürlich auch die zeitlose Seite des Stücks, während der gesellschaftspolitische Hintergrund, der von Fürstenwillkür und Bürgeremanzipation erzählt, weit schwieriger gegenwartskompatibel zu machen ist.

Regisseur Falk Richter setzt in seiner Schaubühnen-Inszenierung entsprechend ganz auf Gefühl, und das erscheint auf den ersten Blick vernünftig. Er will Atmosphäre, nicht Analyse. Der Elektro-Bassist Paul Lemp und ein Ensemble von Cellistinnen liefern dazu den melancholischen Sound, eine Art ‚In the Mood for Love'-Loop, der sich durch den auf 100 Minuten verdichteten Abend zieht. Dem

Sturm-und-Drang-Ton der Vorlage begegnet Richter mit dem technischen Rüstzeug des versierten Pop-Handwerkers: Mikrofone zur Liebesschwurverstärkung, eine Windmaschine für den großen Wirbel heißer Luft, eine Videoleinwand, auf der Zungenküsse flirren, oder auch, als Apocalypse-Now-Zitat, Cowboys und Hubschrauber: Ich liebe den Geruch von Liebe am Morgen! Sein Paar, Lea Draeger als Luise und Stefan Stern als Ferdinand, bemühen sich da im grauen Partnerlook der Diskurstheoretikerschule nach Kräften, sich von der Musik befeuert die heutige Selbstentfremdung aus- und die klassische Empfindung einzureden. Wobei Stern einen hübschen Anfall des unauthentischen Rock'n'Roll-Schwindels erleidet und krachend ein Cello zertrümmert. Das sind zwei, die Teil einer Herzensbewegung sein möchten. Die Elterngeneration, Steffi Kühnert und Kay Bartholomäus Schulze als besorgte Bürgerschluffis Miller, und Jörg Hartmann als intriganter Präsident von Walter, steht dem Streben der Jugend nach Freiheit, Gleichheit und Geilheit mit adäquatem Unverständnis gegenüber.

Dieser Generationen-Clash im hochtönenden Schiller-Versmaß hat seine stimmigen Momente. Und Richter spult auch die titelgebende und mit tödlicher Limo endende Kabale zügig ab, die Ferdinands Vater und sein Untergebener Wurm (Robert Beyer) einfädeln, um die Liebenden zu entzweien. Allerdings nimmt die larmoyante Pathosattitüde, die der Regisseur auf der dancefloormäßigen Bühne von Alex Harb inszeniert, der Liaison letztlich ihre bedrohliche Kraft. Gegen solche Nabelschau muss sich doch kein Hofstaat wappnen. Und das lässt die Inszenierung seltsam unverbindlich wirken. Wenn eine Judith Rosmair als Fürsten-Mätresse im sexy Outfit hereinweht und im vervesprühenden Selbstverteidigungsmonolog tatsächlich etwas über das umstürzlerische Potenzial der Kopfkissennähe von Privatem und Politischem verrät, bleibt das eine Solonummer."[65]

Dusan David Parizeks Inszenierung von *Kabale und Liebe* am Schauspielhaus Hamburg aus dem gleichen Jahr zeigt, wie man die zum Scheitern verurteilte Liebesgeschichte zwischen Luise und Ferdinand auch heute noch (ohne zu viel zu modernisieren) ansprechend in den Mittelpunkt einer Inszenierung stellen kann.

„Ferdinand ist verrückt nach Luise, und Luise ist verliebt in Ferdinand. Getrieben von ihrer Leidenschaft wollen beide ihre Liebe über alle Standesschranken hinweg durchsetzen, denn Luise ist Bürgerstochter und Ferdinand Sohn des Präsidenten am herzoglichen Hof. Luises Vater, der Musiker Miller, missbilligt die Beziehung aus Argwohn gegen den verwöhnten Karrieristenspross, aber auch Präsident Walter hintertreibt mit allen Mitteln die Verbindung. Denn er hatte für Ferdinand eine Heirat geplant, die seine eigene Laufbahn befördern sollte: Durch die Ehe mit Lady Milford, der Geliebten des Herzogs, würden Ferdinand und der Präsident enorm an gesellschaftlichem Ansehen und Einfluss gewinnen. Diese Chance will der Präsident nicht vergeben und so spinnt er gemeinsam mit seinem Sekretär Wurm eine perfide Intrige. Die Idee, in Ferdinand Misstrauen gegen Luise zu säen, hat Erfolg: Die Liebe wird im Kern getroffen und von innen heraus zersetzt. Aus zärtlicher Verehrung wird rasende Eifersucht. Doch ist die Einschlagstelle wesentlich größer als berechnet: Eine Kettenreaktion wird ausgelöst, die wüste Ödnis hinterlässt.

---

[65] Wildermann, *Kabale und Liebe in der Schaubühne*, tip-Redaktion 15. 12. 2008; www.tip-berlin.de (Stand Juni 2011)

Schillers 1783 geschriebenes Drama ist ein grausamer Versuch über die Liebe. Es gilt herauszufinden, wie weit man sie treiben kann und wann sie – von äußeren und inneren Widersprüchen zerrieben – zusammenbricht. Zu Schillers Zeiten war das berühmte Trauerspiel eine Kriegserklärung an die herrschenden Zustände und ein Akt der Selbstbefreiung. Damals formulierte sich eine radikale Anklage gegen eine Gesellschaft, die die Liebe durch unüberwindbare Standesgrenzen niedermähte.

Heute rückt die Frage nach den inneren Grenzen der Liebe stärker ins Blickfeld: Kann man Liebe besitzen und ihre Dauer einklagen? Ferdinand, Opfer der Kabale, fordert es: ‚Du – Luise, und ich und die Liebe! – liegt nicht in diesem Zirkel der ganze Himmel? Oder brauchst du noch etwas Viertes dazu?' Der Besitz steht über allem und sein Verlust verwandelt jedes zärtliche Gefühl in den Wunsch nach Auslöschung und Vernichtung des ehemals geliebten Gegenübers.

Aber nicht nur der Wunsch nach der totalen Verschmelzung führt zur Vernichtung der Liebe: Die von außen nicht geduldete Liebe ist – ungeachtet aller empathischen Bekundungen – in ihrem Kern so weich und irritierbar, dass eine gut gestrickte Intrige sie sofort aushebeln kann.

Was bleibt, ist die Empfindung, dass die Liebe von innen heraus viel stärker gefährdet ist als durch die Anfeindungen der Gesellschaft. Jenseits aller Standesfragen setzt Schiller die Gefühle seiner Figuren einer schonungslosen Zerreißprobe aus, der weder sie noch ihr Ideal der Liebe standhalten können."[66]

---

[66] www.schauspielhaus.de/spielplan/detail.php?id_ev-ent_cluster=348007 (Stand Juni 2011)

6. PRÜFUNGSAUFGABEN MIT MUSTERLÖSUNGEN

Unter www.königserläuterungen.de/download finden Sie im Internet zwei weitere Aufgaben mit Musterlösungen.

Die Zahl der Sternchen bezeichnet das Anforderungsniveau der jeweiligen Aufgabe.

Aufgabe 1 *

Die Liebe zwischen Luise und Ferdinand endet tragisch. Sie scheitert aber nicht nur an den äußeren Umständen, sondern auch an den Liebenden selbst.
Arbeiten Sie heraus, inwiefern Ferdinand eine Mitschuld am Scheitern der Liebesbeziehung trägt.

Mögliche Lösung in knapper Fassung:

Ferdinand verabsolutiert seine Liebe zu Luise (vgl. beispielsweise I, 4 und III, 4). Er verteidigt seine Liebe zwar gegen äußere Widerstände, etwa seinen Vater (vgl. II, 7), aber die Liebe scheitert schließlich an Ferdinands Ichbezogenheit. Aus Angst, Luise und damit seinen „Liebestraum" zu verlieren, wird Ferdinand misstrauisch und besitzergreifend (vgl. I, 4).

FERDINANDS ICHBEZOGENHEIT

Vor lauter Gefangenheit in sein Liebesbild ist er daher auch nicht in der Lage, Luise und ihre Nöte und Ängste wahrzunehmen. Statt Luises Ablehnung der gemeinsamen Flucht als Ausdruck echter Not zu erkennen oder gar zu verstehen, schlägt seine Liebe in Aggression um (vgl. III, 4). Statt Luise beizustehen, steigert er sich in eifersüchtiges Misstrauen.

EIFERSÜCHTIGES MISSTRAUEN

FOLGEN

Damit wird Ferdinand zum leichten Opfer für die höfische Intrige. Nur in der Verblendung durch seinen eigenen Liebesegoismus kann Ferdinand dem Blendwerk der Kabale erliegen und blind werden für die Wahrheit (vgl. IV, 3).

Aufgabe 2 **

> Vor der endgültigen Katastrophe scheint sich in V, 1 eine mögliche Lösung für Luises und Ferdinands Probleme zu bieten.
> 1. Ordnen Sie V, 1 in den Gesamtzusammenhang des Dramas ein.
> 2. Welche Lösung für ihr Liebesdrama glaubt Luise gefunden zu haben?
> 3. Wie gelingt es ihrem Vater, Luise umzustimmen – und zu welchem Preis?

Mögliche Lösung in knapper Fassung:

EINORDNUNG IN DEN KONTEXT DES DRAMAS

Luise ist Opfer der höfischen Intrige geworden, die Ferdinand und sie auseinanderbringen soll. Sie kann Ferdinand nicht über die Intrige aufklären, da sie wegen eines erzwungenen Eides schweigen muss. Ferdinand glaubt sich von ihr betrogen.

Luise will in dieser Welt auf Ferdinand verzichten. Sie hat eine Hochzeit mit Wurm, die ihre Ehre retten würde, abgelehnt. Nach langen inneren Kämpfen glaubt Luise eine Lösung gefunden zu haben.

LUISES LÖSUNG

Luise hat ihren Seelenfrieden wiedergefunden. Sie will Selbstmord begehen. Im Tod glaubt sie, frei von ihrem Schwur zu sein, und will Ferdinand über die Kabale aufklären. Sie will Ferdinand bitten, mit ihr gemeinsam zu sterben, um so im Himmel für immer vereint zu sein.

Luise malt sich den Tod als Erlösung aus. Der gemeinsame Tod erscheint Luise als einzige Möglichkeit, der Intrige zu entgehen und mit Ferdinand vereint zu sein.

Ihr Vater setzt Luise moralisch und emotional unter Druck. Er behauptet, Selbstmord sei eine schwere Sünde, Luise könne daher nicht mit Ferdinand im Himmel vereint sein. Er beschwört die Tochter-Vater-Liebe.

VERHALTEN DES VATERS

Luise lässt ihren Plan fallen, aber ihre Gelassenheit weicht innerer Zerrissenheit. Sie sieht Rettung nur noch in der Flucht. Ihr Versuch der Selbstbestimmung ist gescheitert.

ERGEBNIS

Aufgabe 3 *

> Der Sekretär Wurm erzählt seinem Gefängniswärter von seinem bisherigen Leben.
> Versetzen Sie sich in Wurms Situation und verfassen Sie eine autobiografische Skizze.

Mögliche Lösung in knapper Fassung:

Eine solche autobiografische Skizze müsste folgende Punkte enthalten:

→ Wurm stammt aus bürgerlichen Verhältnissen.
→ Er kennt Luise und ihre Eltern schon lange.
→ Wurm hat sich am Hof zum Sekretär des Präsidenten emporgearbeitet.
→ Dabei ist er mit dem Intrigenspiel des Hofes vertraut geworden.
→ Er hat bei den Verbrechen des Präsidenten mitgewirkt und ist so zu seinem Vertrauten geworden.
→ Wurm kennt Ferdinand schon seit langem.

- → Wurm hat sich in Luise verliebt, traut sich aber nicht, selbst um ihre Hand anzuhalten.
- → Er hat mit ihrem Vater bereits früher über eine Ehe mit Luise gesprochen.
- → Wurm ist eifersüchtig auf Ferdinand und möchte die Beziehung zwischen ihr und Ferdinand zerstören.
- → Er kann die Menschen zwar gut einschätzen und manipulieren, die Gefühle echter Liebe sind ihm jedoch fremd; deshalb hat er die Reaktion Ferdinands falsch eingeschätzt.
- → Nach dem Tod Luises ist er nicht mehr bereit, die Verbrechen des Präsidenten zu decken.

Aufgabe 4 **

> Auf die Frage Ferdinands äußert sich Vater Miller folgendermaßen über das Verhältnis zu seiner Tochter:
> „Das Mädel ist just so recht, mein ganzes Vaterherz einzustecken – hab meine ganze Barschaft von Liebe an der Tochter schon zugesetzt." (V, 3)
> 1. Untersuchen Sie das Vater-Tochter-Verhältnis.
> 2. Wer von beiden hat mehr „Barschaft von Liebe" für den anderen „zugesetzt"?

Mögliche Lösung in knapper Fassung:

ZU 1.

Miller liebt seine Tochter und ist auf ihr Wohl bedacht (vgl. I, 2 und 3). Er sorgt sich um die Zukunft seiner Tochter. Da er fürchtet, dass die Verbindung mit Ferdinand seine Tochter unglücklich machen wird, lehnt er sie bis zum Schluss vehement ab (vgl. I, 3 und V, 2). Er verteidigt die Ehre seiner Tochter mutig gegenüber dem Präsidenten (vgl. II, 6).

Aber: Miller bevormundet seine Tochter extrem. Er lässt ihr nur so viel Freiheit, wie es in seine Pläne passt.

Die Perspektive von Miller: Luise verstößt durch ihre Liebe zu Ferdinand gegen Millers Zukunftspläne. Miller legt sich mutig mit dem Präsidenten an, um die Ehre seiner Tochter zu verteidigen. Er geht wegen dieses Einsatzes ins Gefängnis. Luise will Selbstmord begehen; Miller muss alle seine Möglichkeiten anwenden, um sie davon abzuhalten.

ZU 2.

Die Perspektive von Luise: Sie verzichtet dreimal aus Liebe zu ihrem Vater auf die Umsetzung ihrer eigenen Pläne und Wünsche. Aus Sorge um ihren Vater lehnt sie Ferdinands Fluchtvorschlag ab (vgl. III, 4). Um ihren Vater aus dem Gefängnis zu befreien, schreibt sie den falschen Liebesbrief und hält ihren Schweigeschwur. Damit verliert sie Ferdinand. Um ihres Vaters Willen begeht sie keinen Selbstmord und verzichtet darauf, wenigstens im Jenseits mit Ferdinand vereinigt zu sein (vgl. V, 1).

Luise bringt, aus Liebe zu ihrem Vater, einen höheren Einsatz als umgekehrt: Sie entsagt ihrem Liebesglück mit Ferdinand und nimmt sogar seinen Hass in Kauf; sie ist bereit, als entehrte Frau zu leben; sie ist auch bereit, mit ihrem Vater (statt mit Ferdinand) zu fliehen.

FAZIT

LITERATUR

Zitierte Ausgaben:
Schiller, Friedrich: *Kabale und Liebe. Ein bürgerliches Trauerspiel.* Husum/Nordsee: Hamburger Lesehefte Verlag, 2010 (Hamburger Leseheft Nr. 61, Heftbearbeitung Kurt Sternelle). Zitatverweise sind mit **HL** gekennzeichnet.

Schiller, Friedrich: *Kabale und Liebe. Ein bürgerliches Trauerspiel.* Anmerkungen von Walter Schafarschik. Stuttgart: Reclam, 2001 (Reclams Universal-Bibliothek Nr. 33). Zitatverweise sind mit **R** gekennzeichnet.

Arbeitsmaterial für Schüler:
Müller, Hans-Georg: *Friedrich Schiller: Kabale und Liebe.* Stuttgart: Klett, 2010. → Informative Einführung ins Stück, seine literarischen und historischen Bezüge sowie Prüfungsaufgaben und Lösungen

Nordmann, Beate: *Erläuterungen zu Friedrich Schiller: Kabale und Liebe.* Hollfeld: Bange, 2008. → Vorläufer des vorliegenden Bandes

Schäfer, Dietmar: *Friedrich Schiller: Kabale und Liebe. Inhalt, Hintergrund, Interpretation.* München: Mentor, 2005. → Kurze Einführung in das Stück und seinen Hintergrund mit Aufgaben und Lösungsvorschlägen

Schafarschik, Walter: *Friedrich Schiller: Kabale und Liebe. Erläuterungen und Dokumente.* Stuttgart: Reclam, 2001 (Reclams Universal-Bibliothek Nr. 8149).

Völkl, Bernhard: *Friedrich Schiller: Kabale und Liebe.* Stuttgart: Reclam, 2003 (Lektüreschlüssel für Schülerinnen und Schüler; Reclams Universal-Bibliothek Nr. 15335).

Sekundärliteratur:

Binder, Wolfgang: *Friedrich Schiller: Kabale und Liebe.* In: Benno von Wiese (Hrsg.): Das deutsche Drama vom Barock bis zur Gegenwart, Interpretationen, Band 1, Düsseldorf: Bagel, 1964, S. 250–270.

Boehn, Max: *Deutschland im 18. Jahrhundert.* Berlin: Askanischer Verlag, 1922.

Brahm, Otto: *Schiller, Band 1.* Berlin: Hertz, 1888.

Fabricius, Hans: *Schiller als Kampfgenosse Hitlers. Nationalsozialismus in Schillers Dramen.* Berlin: Deutsche Kunstwart, 1934.

Guthke, Karl S.: *Das deutsche bürgerliche Trauerspiel.* Stuttgart: Metzler, 1976.

Herrmann, Hans-Peter: *Musikmeister Miller, die Emanzipation der Tochter und der dritte Ort der Liebenden. Schillers bürgerliches Trauerspiel im 18. Jahrhundert.* In: Jahrbuch der deutschen Schillergesellschaft, 28, 1984, S. 223–247.

Janz, Rolf-Peter: *Schillers ‚Kabale und Liebe' als bürgerliches Trauerspiel.* In: Jahrbuch der deutschen Schillergesellschaft, 20, 1976, S. 208–228.

Kleemann, Gotthilf: *Schloss Solitude bei Stuttgart. Aufbau, Glanzzeit und Niedergang.* Stuttgart: Klett, 1966.

Koopmann, Helmut: *Friedrich Schiller, Band 1.* Stuttgart: Metzler, 1977.

Krischel, Volker: *Lauter kleine Sonnenkönige – Das Portrait Herzog Christians IV. von der Pfalz-Zweibrücken.* In: Peter Knoch (Hrsg.): Spurensuche Geschichte. Anregungen für einen kreativen Geschichtsunterricht, Band 2: Vom Mittelalter zur Französischen Revolution. Stuttgart: Klett, 1991, S. 85f.

Krischel, Volker: *Textanalyse und Interpretation zu Friedrich Schiller: Wilhelm Tell.* Hollfeld: Bange, 2011.

Kunze, Karl/Obländer, Heinz: *Grundwissen Deutsche Literatur.* Stuttgart: Klett, 1976.

Lin, Jean-Claude/Arthen, Herbert (Hrsg.): *Kraftwerk Schiller. Was der Dichter uns heute zu sagen hat.* Stuttgart: Freies Geistesleben, 2009.

Marx, Karl/Engels, Friedrich: *Über Literatur. Ausgewählt und herausgegeben von Cornelius Sommer.* Stuttgart: Reclam, 1971.

Rischbieter, Henning: *Friedrich Schiller. Erster Band: Von den „Räubern" bis zu „Don Karlos".* Velber: Friedrich, 1975.

Neubauer, Martin: *Friedrich Schiller; Wilhelm Tell.* Stuttgart: Reclam, 2004. (Lektüreschlüssel für Schülerinnen und Schüler, Reclams Universal-Bibliothek Nr. 15337).

Sautermeister, Gerd: *Kabale und Liebe.* In: Kindlers Literatur Lexikon im dtv, Band 12. München: Deutscher Taschenbuch Verlag, 1974, S. 5098 f.

Sautermeister, Gerd/Redaktion Kindlers Literaturlexikon: *Kabale und Liebe.* In: Walter Jens (Hrsg.): Kindlers Neues Literaturlexikon, Band 14. München: Kindler Verlag, 1988, S. 933 ff.

Skopnik, Günther: *Die Dramen Schillers auf den Bühnen der Deutschen Bundesrepublik seit 1949.* In: Maske und Kothrun 5, 1959.

Stadelmaier, Gerhard: *Übers Eis gleiten: Wie gemalt.* In: Stuttgarter Zeitung Nr. 2, 3. Januar 1985.

Materialien im Internet:
Stand Juni 2011
http://gutenberg.spiegel.de
→ Texte von Schiller bei Projekt Gutenberg
http://www.zum.de
→ Hinweise zum Textverständnis und Anregungen zur Texterschließung

http://lehrerfortbildung-bw.de/faecher/deutsch/projekte/dramatik/kabale/
→ Unterrichtsprojekt zu *Kabale und Liebe*

Verfilmungen:

Kabale und Liebe. Deutschland 1913.
 Regie: Friedrich Fekér.

Luise Millerin (Kabale und Liebe). Deutschland 1922.
 Regie: Carl Froelich.

Kabale und Liebe. BRD 1955.
 Regie: Curt Goetz-Pflug.

Kabale und Liebe. BRD 1959.
 Fernsehverfilmung. Regie: Harald Braun.

Kabale und Liebe. DDR 1959.
 Regie: Martin Hellberg.

Kabale und Liebe. BRD 1967.
 Fernsehverfilmung. Regie: Gerhard Klingenberg.

Kabale und Liebe. BRD 1980.
 Regie: Heinz Schirk.

Kabale und Liebe. DDR 1982.
 Fernsehverfilmung. Regie: Piet Drescher.

Kabale und Liebe. Deutschland 2001.
 Regie: Achim Scherf.

Kabale und Liebe. Deutschland 2005.
 Fernsehverfilmung. Regie: Leander Haußmann.

Kabale und Liebe. Deutschland 2009.
 Fernsehverfilmung der Aufführung des Schauspielhauses Düsseldorf. Regie: János Darvas.

STICHWORTVERZEICHNIS

Absolutismus 17, 18, 27, 83
Adel 23, 43, 48, 74–76
bürgerliches Trauerspiel 6, 23, 28
Bürgertum 17, 28, 48, 58, 74
Despotismus 22, 73, 76, 83
Egozentrik 52
Eifersucht 28, 31, 35, 53, 55, 58
Intrige 23, 31, 32, 34, 35, 38, 39, 41, 43, 45, 46, 51, 53–55, 58, 59, 74, 77, 79
Jugenddrama 6, 21, 22
Kabale 7, 23, 35, 45, 52–54, 57–59, 77
kleinbürgerlich 17, 43, 49, 79, 80
Konflikt 23, 24, 28, 49, 83

Lessing, Gotthold Ephraim 6, 23, 28
Liebesbrief 36, 37, 39, 50, 55
Liebesgeschichte 8, 43, 45, 46, 76, 78, 85, 87
Mätresse 19, 27, 31, 53, 55, 74
Pathos 70, 72, 80, 81
Selbstbestimmung 51, 56, 79
Selbstfindung 8, 78
Sozialkritik 73, 81, 85
standesgemäß 6, 54
Standesgrenzen 7, 48, 50, 56, 75, 77, 78
Standesschranken 31, 36, 74
Sturm und Drang 6, 17, 21, 22
symmetrisch 45
Vernunft 17

KÖNIGS ERLÄUTERUNGEN
SPEZIAL

Lyrik verstehen leicht gemacht

→ wichtige Prüfungsthemen in allen Bundesländern
→ ideal zur Vorbereitung

Umfassender Überblick über die Lyrik einer Epoche (mit Interpretationen)

Lyrik des Barock
Best.-Nr. 3022-8

Lyrik der Klassik
Best.-Nr. 3023-5

Lyrik der Romantik
Best.-Nr. 3032-7

Lyrik des Realismus
Best.-Nr. 3025-9

Lyrik der Jahrhundertwende
Best.-Nr. 3029-7

Lyrik des Expressionismus
Best.-Nr. 3033-4

Lyrik der Nachkriegszeit
Best.-Nr. 3027-3

Lyrik der Gegenwart
Best.-Nr. 3028-0

Bedeutende Lyriker: Einführung in das Gesamtwerk und Interpretation der wichtigsten Gedichte

Benn
Das lyrische Schaffen
Best.-Nr. 3055-6

Brecht
Das lyrische Schaffen
Best.-Nr. 3060-0

Eichendorff
Das lyrische Schaffen
Best.-Nr. 3059-4

Goethe
Das lyrische Schaffen
Best.-Nr. 3053-2

Heine
Das lyrische Schaffen
Best.-Nr. 3054-9

Kästner
Das lyrische Schaffen
Best.-Nr. 3057-0

Rilke
Das lyrische Schaffen
Best.-Nr. 3062-4

Trakl
Das lyrische Schaffen
Best.-Nr. 3061-7

Bange Verlag

Die beste Vorbereitung auf Abitur, Matura, Klausur und Referat

KÖNIGS ERLÄUTERUNGEN
SPEZIAL

Literatur verstehen leicht gemacht

- → wichtige Prüfungsthemen in allen Bundesländern
- → ideal zur Vorbereitung

Themenfeld Lyrik

Deutsche Liebeslyrik vom Barock bis zur Gegenwart
mit einem Extrakapitel zum Mittelalter unter
www.königserläuterungen.de
Best.-Nr. 3034-1

Naturlyrik vom Mittelalter bis zur Gegenwart
Best.-Nr. 3031-0

Mythen-Adaptionen

Antigone
Ein Mythos und seine
Bearbeitungen
Best.-Nr. 3041-9

Medea
Ein Mythos und seine
Bearbeitungen
Best.-Nr. 3043-3

Faust
Ein Mythos und seine
Bearbeitungen
Best.-Nr. 3042-6

Ödipus
Ein Mythos und seine
Bearbeitungen
Best.-Nr. 3040-2

Bange Verlag

Die beste Vorbereitung auf Abitur,
Matura, Klausur und Referat